2020年
人民币国际化报告
2020 RMB INTERNATIONALIZATION REPORT

中国人民银行
THE PEOPLE'S BANK OF CHINA

中国金融出版社
China Financial Publishing House

责任编辑：黄海清　白子彤
责任校对：李俊英
责任印制：程　颖

图书在版编目（CIP）数据

2020年人民币国际化报告/中国人民银行编. —北京：中国金融出版社，2020.11
ISBN978-7-5220-0830-1

Ⅰ.①2…　Ⅱ.①中…　Ⅲ.①人民币—金融国际化—研究报告—2020　Ⅳ.①F822

中国版本图书馆CIP数据核字（2020）第186911号

2020年人民币国际化报告
2020 NIAN RENMINBI GUOJIHUA BAOGAO

出版
发行　中国金融出版社

社址　北京市丰台区益泽路2号
市场开发部　（010）66024766，63805472，63439533（传真）
网上书店　http://www.chinafph.com
　　　　　（010）66024766，63372837（传真）
读者服务部　（010）66070833，62568380
邮编　100071
经销　新华书店
印刷　北京市松源印刷有限公司
尺寸　210毫米×285毫米
印张　9
字数　150千
版次　2020年11月第1版
印次　2020年11月第1次印刷
定价　36.00元
ISBN978-7-5220-0830-1

目 录

表

CONTENTS

Figures

Tables

第一部分

概　要

2019年，人民币国际化再上新台阶，人民币支付货币功能不断增强，投融资货币功能持续深化，储备货币功能逐渐显现，计价货币功能进一步实现突破，人民币在全球货币体系中继续保持稳定地位。

2019年，人民币跨境使用逆势快速增长，全年银行代客人民币跨境收付金额合计19.67万亿元，同比增长24.1%，在2018年高速增长的基础上继续保持快速增长，收付金额创历史新高。人民币跨境收支总体平衡，净流入3 606亿元。人民币在国际货币基金组织（IMF）成员国持有的官方外汇储备货币构成（COFER）中排名第五，市场份额为1.95%，较2016年人民币刚加入特别提款权（SDR）货币篮子时提升了0.88个百分点；人民币在全球外汇交易中的市场份额为4.3%，较2016年提高了0.3个百分点；据最新统计数据，人民币在主要国际支付货币中排名第五，市场份额为1.76%。

2019年，人民币国际化发展总体呈现以下特点：一是贸易和直接投资跨境人民币结算逆势增长；二是证券投资业务大幅增长，成为推动人民币跨境使用增长的主要力量；三是人民币跨境使用政策不断优化，先后推出一系列更高水平贸易投资便利化试点；四是人民币国际化基础设施进一步完善，人民币清算行体系持续拓展，人民币跨境支付系统（CIPS）成为人民币跨境结算的主渠道；五是双边货币合作持续深化，不断消除境外人民币使用障碍。

第二部分

2019 年人民币国际使用

2019 年，在国内外经济金融形势复杂多变、资本流出压力较大、人民币汇率前升后贬双向波动的背景下，人民币跨境收付保持了较快增长，占本外币跨境收付比例创历史新高，收支总体平衡，呈现小幅净流入态势。

全年，人民币国际使用主要呈现如下特点：一是经常项目收付金额同比增长，货物贸易由净汇出转为净汇入，服务贸易收付金额增幅较大，服务贸易和收益汇出净额扩大；二是金融市场开放不断加深，资本项目收付占跨境人民币收付的比例不断提高，其中证券投资增长显著，直接投资银行间债券市场（CIBM）吸引外资净流入金额居首位；三是人民币汇率弹性明显增强，以市场供求为基础，有贬有升、双向浮动，在合理均衡水平上保持基本稳定。

一、跨境使用总体情况

2019 年，人民币跨境收付金额合计 19.67 万亿元，同比增长 24.1%，其中收款 10.02 万亿元，同比增长 25.1%，付款 9.65 万亿元，同比增长 23%，收付比为 1∶0.96；净流入 3 606 亿元，2018 年净流入 1 544 亿元。人民币跨境收付占同期本外币跨境收付总金额的比重为 38.1%，创历史新高，较 2018 年提高 5.5 个百分点。

数据来源：中国人民银行。

图 2-1　2018—2019 年人民币跨境收付月度图

图 2-2　2010—2019 年人民币跨境收付情况

上海、北京、深圳三地人民币跨境收付量位列全国前三。2019 年，三地人民币跨境收付金额占全国人民币跨境收付总金额的比重分别为 50.1%、14.3% 和 8.6%。2019 年，全国共有 7 个省区市人民币跨境收付金额超过 2 000 亿元。8 个边境省、自治区的收付金额合计约 4 833 亿元，同比增长 2.5%。

表 2-1　2019 年分地区人民币跨境收付情况

单位：亿元，%

序号	地区	经常项目	资本和金融项目	合计	占比
1	上海	13 532.2	85 044.5	98 576.7	50.1
2	北京	7 010.9	21 132.2	28 143.1	14.3
3	深圳	9 159.6	7 695.5	16 855.1	8.6
4	广东	9 672.7	6 091.6	15 764.3	8.0
5	江苏	4 633.8	2 703.9	7 337.7	3.7
6	浙江	4 051.9	2 804.8	6 856.7	3.5
7	山东	1 437.6	1 357.5	2 795.1	1.4
8	其他	10 875.8	9 497.7	20 373.5	10.4
9	合计	60 374.5	136 327.7	196 702.2	100.0

数据来源：中国人民银行。

2019 年，中国香港地区的人民币跨境收付金额占比为 44.9%，之后分别是新加坡占比 10.3%、德国占比 3.4%、中国台湾占比 3.3%。其中，中国香港、新加坡、中国澳门、英国、荷兰、爱尔兰等国家和地区的收付金额占比较 2018 年均有所上升。

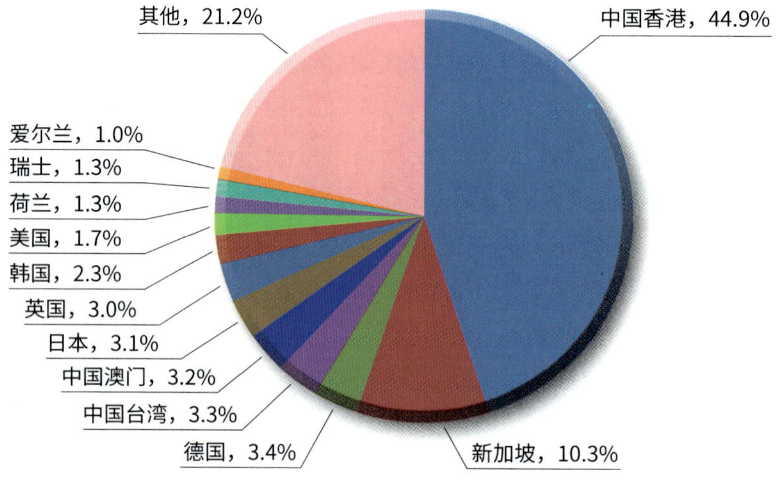

数据来源：中国人民银行。

图 2-3　2019 年人民币跨境收付金额国别和地区分布情况

2019 年，中国与“一带一路”沿线国家办理人民币跨境收付金额超过 2.73 万亿元，占同期人民币跨境收付总额的 13.9%，其中货物贸易收付金额 7 325 亿元，直接投资收付金额 2 524 亿元，跨境融资收付金额 2 135 亿元。截至 2019 年末，中国与 21 个“一带一路”沿线国家签署了本币互换协议，在 8 个“一带一路”沿线国家建立了人民币清算机制安排。

专栏一　周边国家及“一带一路”沿线人民币使用情况

近年来，在市场需求的推动下，人民币在周边国家及“一带一路”沿线国家使用取得积极进展。2019 年，中国与周边国家跨境人民币结算金额约为 3.6 万亿元，同比增长 18.5%，其中货物贸易项下人民币跨境收付金额合计 9 945 亿元，同比增长 15%；直接投资项下人民币跨境收付金额合计 3 512 亿元，同比增长 24%。与“一带一路”沿线国家办理人民币跨境收付金额超过 2.73 万亿元，同比增长 32%，其中：货物贸易收付金额 7 325 亿元，同比增长 19%；直接投资收付金额 2 524 亿元，同比增长 12.5%。人民币已与马来西亚林吉特、新加坡元、泰铢等 9 个周边国家及“一带一路”沿线国家货币实现了直接交易，与柬埔寨瑞尔等 3 个国家货币实现了区域交易。

我国金融市场开放为周边国家及“一带一路”沿线国家投资者提供了多元化的投融资渠道。周边国家及“一带一路”沿线投资者不仅可以通过人民币合格境外机构投资者（RQFII）、“沪深港通”、直接入市投资、“债券通”等渠道投资我国金融市场，我国机构投资者也可以通过 RQDII 机制投资周边国家及“一带一路”沿线国家金融市场人民币计价的金融产品。2019 年，菲律宾政府、葡萄牙政府、金砖国家新开发银行、意大利存贷款集团等周边国家及“一带一路”沿线国家境外机构在我国债券市场共发行“熊猫债”超过 400 亿元，占 2019 年发行总金额的 68%。越来越多的周边国家及“一带一路”沿线国家投资者投资我国金融市场，获取人民币金融资产的高收益投资回报，分享中国经济增长的好处。

我国与周边国家及“一带一路”沿线国家的双边货币金融合作不断深化。2008 年以来，我国先后与越南、老挝、俄罗斯、哈萨克斯坦等 9 个周边国家及“一带一路”沿线国家签署了双边本币结算协议，与俄罗斯、印度尼西亚、阿联酋、埃及、土耳其等 23 个周边国家及“一带一路”沿线国家签署了双边本币互换协议。随着人民币加入 SDR 货币篮子，人民币资产逐渐成为周边国家及“一带一路”沿线国家央行分散投资及外汇储备的选择。韩国、新加坡、泰国、菲律宾、印度尼西亚等国家央行已将人民币纳入外汇储备。

随着中国与周边国家及“一带一路”沿线国家经贸往来的不断深化，我国与周边国家及“一带一路”沿线国家已形成相互依存的发展格局，人民币与周边国家及“一带一路”沿线国家本币结算面临新机遇。

二、经常项目收付

2019 年，经常项目人民币跨境收付金额合计 6.04 万亿元，同比增长 18.2%，其中收入 2.66 万亿元，同比增长 28.6%；支出 3.38 万亿元，同比增长 10.8%；净支出约 0.72 万亿元，同比下降 26.3%。经常项目人民币跨境收付占本外币跨境收付比例小幅上升，2019 年为 16.1%，较 2018 年提高 2.1 个百分点。

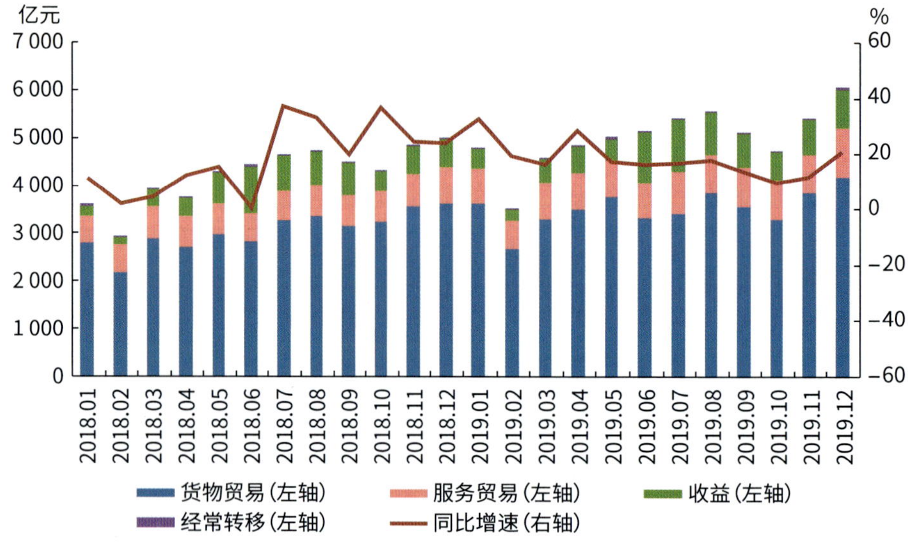

数据来源：中国人民银行。

图 2-4　经常项目人民币跨境收付

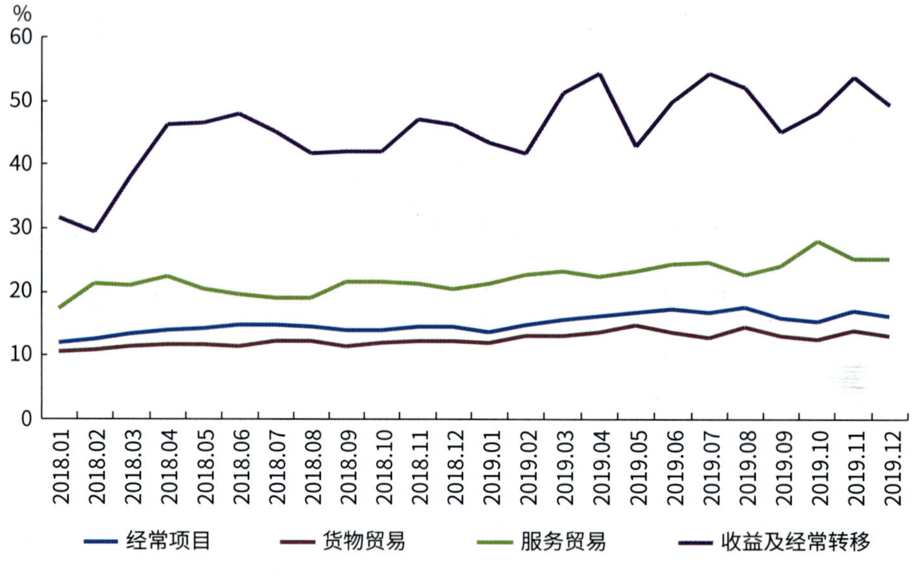

数据来源：中国人民银行。

图 2-5　经常项目人民币占本外币跨境收付比例

（一）货物贸易

2019 年，货物贸易人民币跨境收付金额合计 4.24 万亿元，同比增长 16%，占同期本外币跨境收付比重为 13.4%，较 2018 年提高 1.7 个百分点。货物贸易项下人民币资金净流入469亿元，2018年为净流出3 962亿元，其中一般贸易人民币跨境收付金额合计2.66万亿元，同比增长20.2%；进料加工跨境人民币收付金额合计7 468.8亿元，同比增长19.6%。

（二）服务贸易

2019年，服务贸易人民币跨境收付金额合计9 515亿元，同比增长23.8%，占同期本外币跨境收付比重为23.8%，较2018年提高3.4个百分点。服务贸易项下人民币资金净流出1 631亿元，同比增长74.9%。服务贸易跨境收付主要集中于境外酒店、机票、学费、旅游及计算机服务等项目。

（三）收益和经常转移

2019年，收益项下人民币跨境收付金额合计8 048亿元，同比增长23.5%；经常转移项下人民币跨境收付金额合计372亿元，同比增长26.6%。收益及经常转移人民币跨境收付占同期本外币跨境收付比重为49.8%，较2018年提高6.4个百分点。收益项下人民币资金净流出6 388亿元，同比增长24.1%；经常转移项下净流入240亿元，同比下降1.6%。

专栏二　更多外贸企业选择人民币进行跨境收付

根据人民银行对外贸企业的调查问卷[①]显示，2019年以来，外贸企业参与跨境人民币业务的积极性较高，截至2019年第四季度，84.6%的企业选择人民币作为跨境结算主要币种。

从企业类型看，已开展跨境人民币结算业务的企业中，国外投资企业和港澳台投资企业开展比例最高，分别为88%和89%。大型企业更倾向于使用人民币进行跨境贸易和投资结算，占比达89%。

① 2018年以来，人民银行在全国范围内开展人民币跨境使用情况调查问卷工作，受访企业分布在全国31个省份的500家企业，涵盖农林牧渔业、采矿业、制造业等16个行业，包含国有、私营和国外投资等5种经济类型企业。

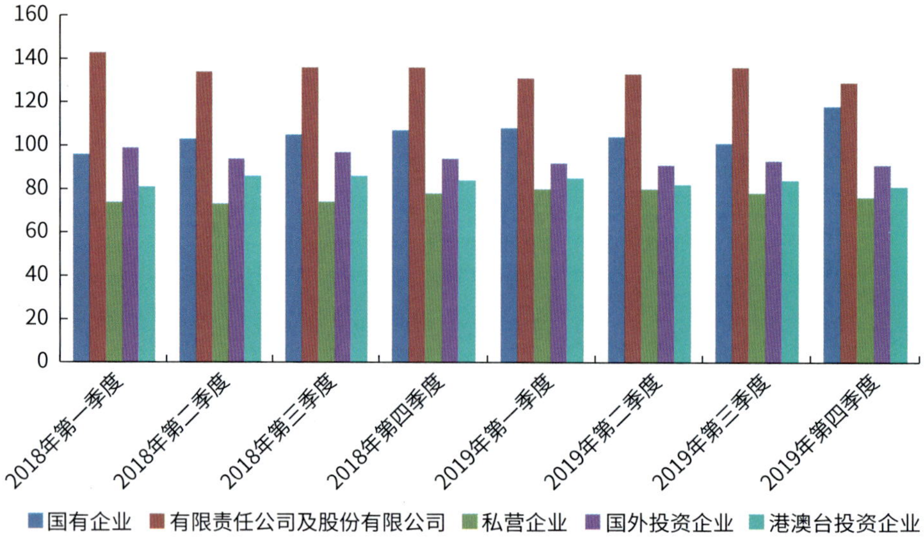

数据来源：中国人民银行。

图 2-6　开展跨境人民币结算业务的企业类型

从企业选择跨境人民币结算的驱动因素看，2019 年以来，受中美贸易摩擦等外部因素的影响，人民币汇率波动加大。许多企业选择跨境人民币业务作为企业规避汇率风险的手段，占比达 64.7%。此外，结算流程简便、降低结算成本、便利企业财务核算与资金管理也是企业选择开展跨境人民币业务的主要原因，占比分别为 43.2%、36.8%、32%。

调查显示，涉外企业希望继续保持跨境人民币政策的稳定性和连续性，加快资本市场开放，进一步完善人民币国际化基础设施，优化跨境人民币业务流程，加大政策宣传培训。

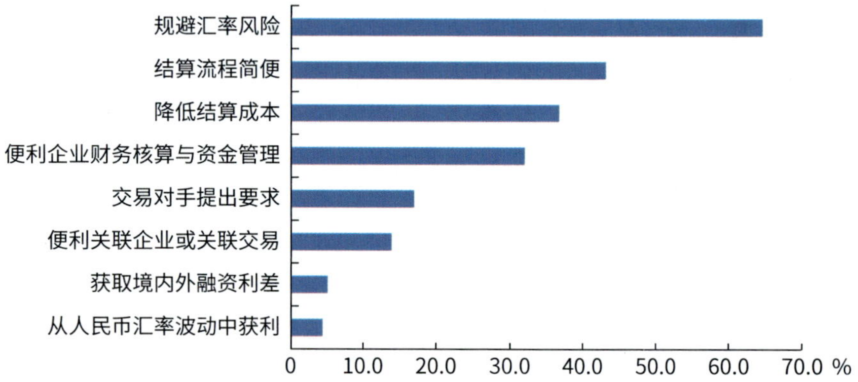

数据来源：中国人民银行。

图 2-7　企业选择跨境人民币结算的驱动因素

三、资本项目收付

2019 年，资本项目下人民币跨境收付金额合计 13.62 万亿元，同比增长 26.7%，其中收入 7.35 万亿元、支出 6.27 万亿元。直接投资、证券投资、跨境融资收付金额分别占资本项目收付金额的 20%、70%、7%。

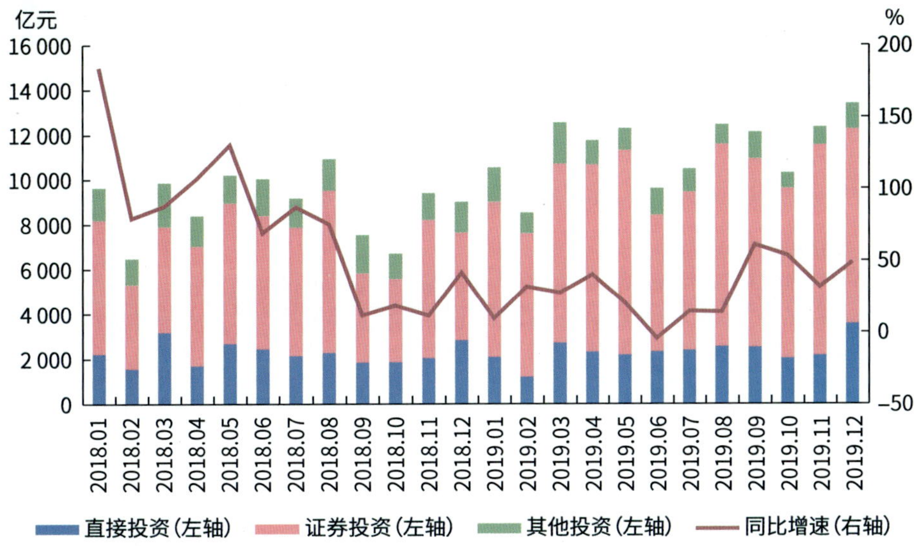

数据来源：中国人民银行。

图 2-8　2018—2019 年资本项目人民币跨境收付

（一）直接投资

2019 年，直接投资项下人民币跨境收付金额合计 2.78 万亿元，同比增长 4.5%；净流入 2 448 亿元，同比下降 0.6%。2019 年，对外直接投资人民币跨境收付金额 7 555 亿元，同比下降 6.1%；外商直接投资人民币跨境收付金额 2.02 万亿元，同比增长 8.6%。

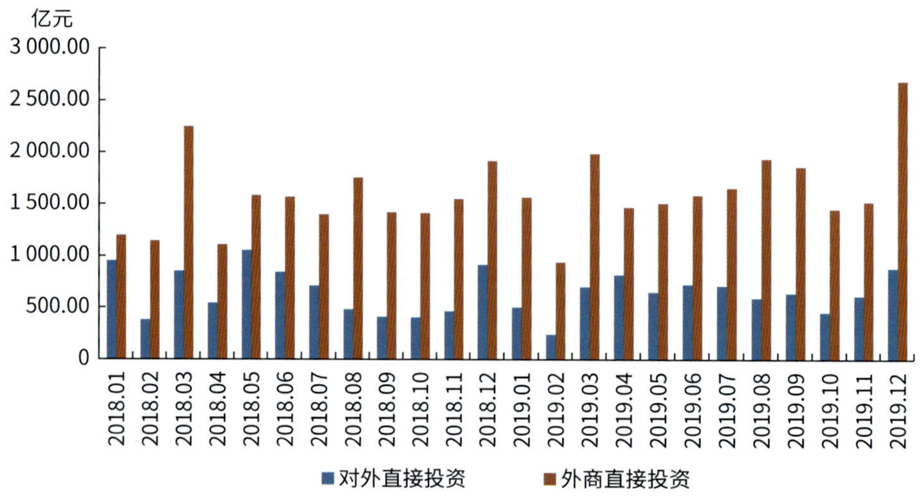

数据来源：中国人民银行。

图 2-9　2018—2019 年直接投资人民币跨境收付月度情况

(二) 跨境人民币资金池

截至 2019 年末，全国共设立跨境人民币资金池 2 341 个，2019 年跨境人民币资金池流出 9 315 亿元，流入 8 890 亿元，合计 1.82 万亿元，同比增长 8.3%。

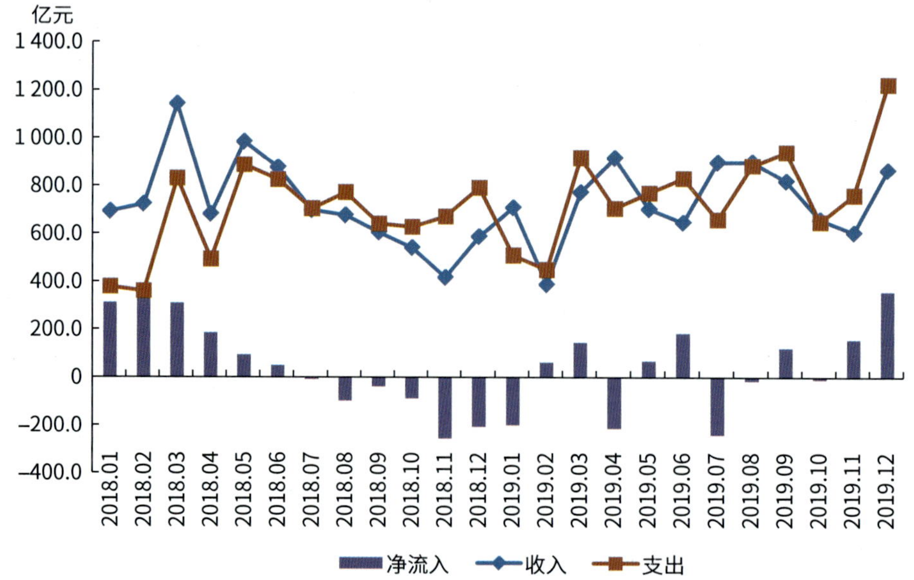

数据来源：中国人民银行。

图 2-10　2018—2019 年跨境人民币资金池业务收付月度情况

（三）“熊猫债”

截至 2019 年末，“熊猫债”发债主体已涵盖政府类机构、国际开发机构、金融机构和非金融企业等类别，累计注册 / 核准（备案）额度 7 976 亿元，累计发行金额达 3 751 亿元。2019 年，银行间市场和交易所市场累计发行“熊猫债”40 只，共计 598 亿元，发行只数和发行规模较 2018 年均有所下降。

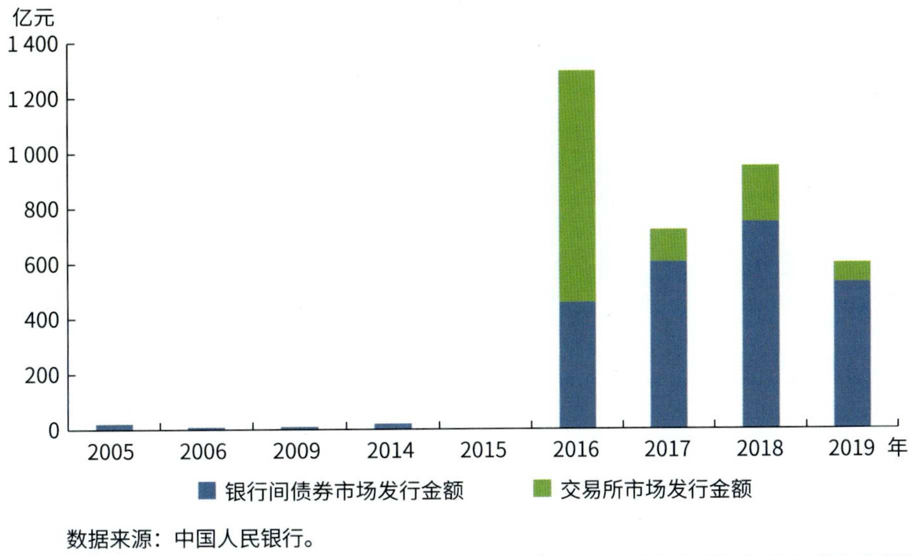

图 2-11　银行间市场和交易所市场“熊猫债”发行金额

专栏三　“熊猫债”促进人民币国际债券市场发展

近年来，随着“熊猫债”有关账户开立、资金存管、跨境汇划和数据报送管理不断完善，“熊猫债”发行流程不断简化、发行制度透明度不断提升，境外主体发债的便利性和规范性稳步提升，“熊猫债”对境外机构吸引力加大。2019 年以来，“熊猫债”发行主体不断多元化，纯境外主体市场参与度提高。越来越多的境外主体选择发行“熊猫债”作为重要融资渠道。

从发债主体看，纯境外主体市场参与度提高，发行主体涵盖多种类别。2019 年，共有 12 家纯境外主体发行 23 只“熊猫债”，占新发债主体数量的 54%，同比提高 7 个百分点。纯境外发行主体市场参与度不断提高，较以往中资背景发行人占主导地位的态势发生改变。分类别来看，“熊猫债”境外发债主体不断拓展，已覆盖政府类机构、国际开发机构、金融机构和非金融企业等多种类别，其中非金融企业主体最多。2019 年，境外发行主体中外国政府类机构、国际开发机构、境外金融机构和非金融企业发行主体的比例分别为 7.5%、5.0%、10.0% 和 77.5%。

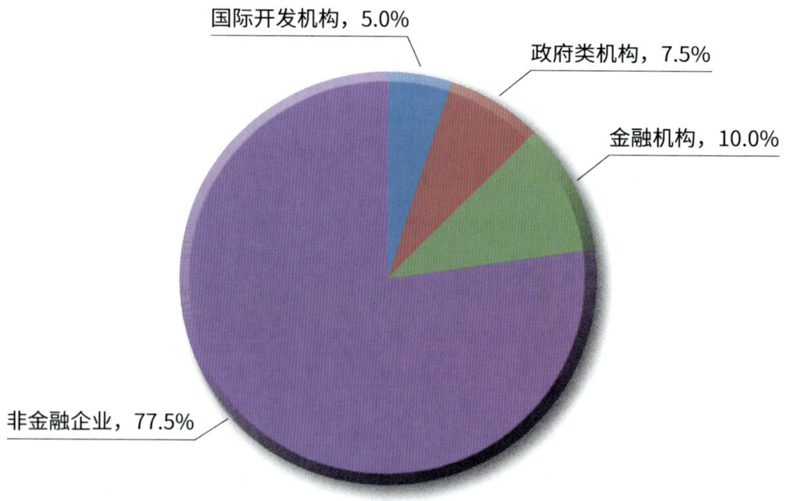

数据来源：中国人民银行。

图 2-12 “熊猫债”发行主体构成

“熊猫债”作为在岸人民币债券，具有低风险和回报稳定的特征，不仅为境外发行人拓宽融资、优化债务结构提供了新的渠道，也为境内外投资人合理配置资金、多元化人民币资产组合提供了更多选择。此外，对于在境内有业务基础和人民币使用需求的跨国企业集团，使用“熊猫债”进行融资可以降低币种错配、节约汇兑成本、减少汇率风险。

在我国债券市场双向开放步伐不断加快的背景下，“熊猫债”市场的发展进一步丰富了我国债券市场境外发行人和投资人群体，提高了国际债券发行中人民币债券规模和占比；进一步提升了我国债券市场广度和深度，增强了金融市场韧性和抵御风险能力，促进了我国金融市场与国际债券市场的广泛交融。

（四）跨境证券投资

2019 年，证券投资人民币跨境收付金额合计 9.51 万亿元，同比增长 49.1%，净流入 6 219 亿元。

债券投资。2019 年，共计 796 家境外机构进入银行间债券市场，直接入市 435 家，通过“债券通”入市 491 家，其中 130 家为同时通过两种渠道入市。全年流入 3.97 万亿元，流出 3.52 万亿元，净流入 4 501 亿元，其中直接入市渠道净流入 3 123 亿元，

“债券通”渠道净流入 1 378 亿元。

“沪深港通”。2019 年，“沪深港通”业务跨境收付金额合计 1.03 万亿元，同比增长 22%，资金净流入 574 亿元，2018 年为净流入 2 093 亿元，其中“沪股通”和“深股通”净流入 2 770 亿元，内地投资者通过“港股通”累计持有香港股票市值 7 687 亿元，净流出 2 196 亿元。

RQFII。截至 2019 年末，共有 21 个国家和地区获得 RQFII 投资额度 1.99 万亿元。223 家境外机构备案或申请投资额度 6 941 亿元。2019 年，RQFII 资金流入总金额 1 293 亿元，流出总金额 1 553 亿元，净流出 260 亿元。2019 年 9 月，取消 RQFII 投资额度及试点国家和地区限制。

专栏四　中国债券、股票逐步纳入国际主要指数

2019 年 4 月，彭博将人民币计价的中国国债和政策性银行债券纳入彭博巴克莱全球综合指数（BBGA）。2019 年 9 月，摩根大通将中国政府债券纳入摩根大通旗舰全球新兴市场政府债券指数，纳入工作从 2020 年 2 月 28 日开始，分 10 个月完成。

2019 年 3 月，明晟公司（MSCI）宣布将提高中国 A 股在 MSCI 全球指数中的权重，分三阶段将纳入因子由 5% 提高至 20%，并于 2019 年 11 月将中国 A 股中盘股纳入 MSCI 指数。2019 年 6 月，富时罗素正式将 A 股纳入其全球股票指数体系。2019 年 9 月，标普道琼斯将 A 股纳入其新兴市场全球基准指数。至此，全球三大国际主流指数全部纳入中国 A 股。

近年来，中国金融市场对外开放稳步推进。截至 2019 年末，中国债券市场存量规模达 99 万亿元人民币，其中境外主体持债规模 2.3 万亿元人民币，同比增长 26.7%；中国股票市场市值 59.3 万亿元人民币，其中境外主体持有股票市值 2.1 万亿元人民币，同比增长 82%。国际重要金融指数吸纳中国债券和 A 股，充分反映了国际投资者对中国经济长期健康发展的信心，以及对中国金融市场开放程度的认可，将有利于更好地促进国际投资者与中国经济合作共赢。人民银行将继续加强完善金融市场基础制度建设，为国际投资者提供更加友好、便利的投资环境。

（五）其他投资

2019 年，包括跨境融资、项目贷款等在内的其他投资人民币跨境收付金额合计 1.3 万亿元，同比下降 23.5%；净流入 2 146 亿元，同比增长 106.3%。

专栏五　境外主体持有境内人民币资产情况

截至 2019 年末，境外主体持有境内人民币股票、债券、贷款以及存款等金融资产金额合计 6.41 万亿元，同比增长 30.3%，其中股票市值 2.10 万亿元，债券托管余额 2.26 万亿元，存款余额 1.21 万亿元（包括同业往来账户存款），贷款余额 8 332 亿元。

境内金融市场股票和债券成为境外主体增配人民币资产的主要品种。截至 2019 年末，境外主体持有境内人民币股票和债券规模同比增长 48.6%，其中持有债券托管量占银行间债券市场债券托管总量的 2.3%，持有股票市值占 A 股总流通市值的 3.6%。2019 年，境外主体新增的境内人民币资产中，股票占比为 66.6%。

表 2-2　非居民持有境内人民币金融资产情况

单位：亿元

项目	2018 年 12 月	2019 年 3 月	2019 年 6 月	2019 年 9 月	2019 年 12 月
股票	11 517.4	16 838.9	16 473.0	17 685.5	21 018.8
债券	17 853.6	18 187.6	20 139.8	21 840.8	22 629.3
贷款	9 246.5	8 534.7	8 340.1	8 180.7	8 331.6
存款	10 591.6	11 175.7	11 112.8	10 934.5	12 148.7
合计	49 209.1	54 736.9	56 065.7	58 641.5	64 128.4

数据来源：中国人民银行。

四、境内人民币外汇交易

截至 2019 年末，中国境内银行间外汇市场交易主体不断丰富，共有人民币外汇即期会员 711 家，远期、外汇掉期、货币掉期和期权会员分别为 245 家、239 家、197 家和 146 家，人民币外汇即期做市商 30 家，远掉期市场做市商 27 家。

中国境内银行间外汇市场平稳运行，产品结构进一步完善，2019 年人民币外汇成交折合 25.0 万亿美元，同比增长 0.7%，日均成交折合 1 025 亿美元。其中，人民币外汇即期成交折合 7.9 万亿美元，同比增长 4.0%；人民币外汇掉期交易成交折合 16.4 万亿美元，同比减少 0.5%，其中隔夜美元掉期成交折合 9.5 万亿美元，占掉期总成交额的 57.9%；货币掉期成交 512 亿美元，同比减少 22.2%；远期成交折合 760 亿美元，同比减少 13.2%；人民币期权成交 5 812 亿美元，同比减少 4.9%。

2019 年，人民币对非美元外币交易平稳发展，即期成交金额 2.3 万亿元，在银行间外汇市场即期交易中占比为 4.2%，较 2018 年上升 1 个百分点。

表 2-3 2019 年银行间外汇即期市场人民币对各币种交易量

单位：亿元

币种	美元	欧元	日元	港元	英镑	澳大利亚元	新西兰元
交易量	525 157.06	13 638.07	3 549.57	1 919.77	776.78	658.73	140.04
币种	新加坡元	瑞士法郎	加拿大元	马来西亚林吉特	卢布	南非南特	韩元
交易量	1 332.04	73.28	290.32	26.40	134.13	0.61	114.74
币种	阿联酋迪拉姆	沙特利亚尔	匈牙利福林	波兰兹罗提	丹麦克朗	瑞典克朗	挪威克朗
交易量	10.88	26.42	0.66	0.79	14.80	36.53	9.03
币种	土耳其里拉	墨西哥比索	泰铢	哈萨克斯坦坚戈（区域交易）	柬埔寨瑞尔（区域交易）	蒙古图格里克（区域交易）	
交易量	1.28	0.72	282.26	0.06	0	0.01	

数据来源：中国外汇交易中心。

五、人民币计价大宗商品

2019 年 8 月 12 日，20 号胶期货在上海期货交易所国际能源交易中心上市，并作为特定品种交易期货，按照“国际平台、净价交易、保税交割、人民币计价”的总体方案引入境外交易者，境外交易者的参与路径与原油期货保持一致。天然橡胶是重要战略物资，其中 20 号胶是最具代表性的品种，是轮胎产业的重要基础原料。我国是全球第一大轮胎制造国，也是全球最大的 20 号胶消费国和进口国。20 号胶期货上市并引入境外交易者有助于服务国家“一带一路”倡议，提升我国的全球天然橡胶定价影响力，稳步推进人民币国际化。

截至 2019 年底，我国已上市了原油、铁矿石、PTA 和 20 号胶 4 个特定品种交易期货。境外交易者投资境内特定品种期货，可以使用人民币或美元等作为保证金，截至 2020 年 5 月 15 日，折算成人民币，境外交易者共汇入保证金 37.13 亿元、汇出 38.09 亿元，其中人民币占比分别为 70.87% 和 82.59%。

专栏六　铁矿石交易使用人民币计价结算

近年来，我国作为全球最大的铁矿石贸易进口国和消费国，铁矿石的进口量和消费量分别处在全球 70% 和 50% 的水平，但在定价方面一直比较被动。与原油相似，铁矿石以签订长期协议为主，辅之以少量现货交易。当前定价基准主要是普氏指数①（以下简称“普指”）。普指是以美元为计价结算货币的询价指数。由于自身机制缺陷，普指易涨难跌，挤压了国内钢厂利润，不利于国内钢铁产业健康发展。

2013 年 10 月，我国以人民币计价结算的铁矿石期货在大连商品期货交易所上市，参与者为境内交易者，以人民币计价结算。铁矿石期货上市后，加速了普指向铁矿石真实价值回归。为进一步推动期货市场对外开放，更好服务实体经济，2018 年 5 月 4 日，铁矿石作为特定品种期货，正式引入境外交易者。境外交易者的交易机制基本参照原油期货。截至 2020 年 3 月 31 日，铁矿石期货境外开户主体覆盖英国、法国、瑞士、日本、新加坡、中国香港、中国台湾等 18 个国家和地区；2020 年 3 月，铁矿石期货境外交易者日均成交 25.4 万手，日均持仓 4.6 万手，环比增长 103% 和 5%。

境内钢铁企业铁矿石进口使用人民币结算也不断取得进展。2020 年 5 月上旬，中国宝武集团下属宝钢股份与澳大利亚力拓集团完成首单以区块链技术实现的人民币跨境结算。这是宝钢股份继 2020 年 1 月和 4 月分别与巴西淡水河谷、澳大利亚必和必拓完成首单人民币跨境结算后的又一新进展。至此，中国宝武与全球三大铁矿石供应商之间都已经实现人民币跨境结算，金额合计超过 5 亿元。

六、人民币国际储备

根据 IMF 官方外汇储备货币构成数据，截至 2019 年第四季度末，人民币储备规模达 2 176.7 亿美元，占标明币种构成外汇储备总额的 1.95%，排名超过加拿大元的 1.88%，居第五位，这是 IMF 2016 年开始公布人民币储备资产以来的最高水平。据不完全统计，目前全球已有 70 余个央行或货币当局将人民币纳入外汇储备。

七、人民币跨境现钞调运

2019 年，跨境人民币现钞业务平稳发展。银行跨境调运人民币现钞金额总计 1 040.30 亿元，同比下降 11.1%，其中调运出境 68.66 亿元，调运入境 971.64 亿元，

①普氏指数由普氏能源资讯于 2008 年推出。普氏能源资讯与标准普尔同属于美国麦格希金融集团。普氏指数估价的主要依据是当天最高的买方询价和最低的卖方报价，而无论实际交易是否发生。2010 年，普氏价格指数被世界三大铁矿石供应商选为铁矿石定价依据。

人民币现钞净调入 902.98 亿元。中银香港人民币发行基金代保管库向海外人民币业务参加行供应、回流人民币现钞金额总计 0.55 亿元，同比下降 77.1%，其中供应现钞 0.28 亿元，回流现钞 0.27 亿元。

跨境人民币现钞业务量下降的原因，一是随着现代支付系统的发展、银联卡境外使用范围的扩大、第三方支付工具跨境使用的拓展，一定程度上降低了个人携带人民币现钞境外使用的必要性，境外银行渠道的人民币现钞来源相应减少。二是随着境外人民币清算机制逐渐完善、人民币现钞调运和提存环境不断优化，二级市场境外人民币现钞买卖活跃，一些大的现钞批发银行在全球范围内与其他商业银行、非银行机构交易人民币现钞，服务有汇兑需求的商户、游客等终端客户，客观上对调运业务形成分流。

八、人民币跨境支付系统建设及运行情况

2019 年，CIPS 系统稳定运行 250 个工作日，累计处理跨境人民币业务 188.43 万笔，金额 33.93 万亿元，分别同比增长 31% 和 28%；日均处理业务 7 537 笔，金额 1 357 亿元。其中，客户汇款业务 140.38 万笔，金额 5.57 万亿元；金融机构汇款业务 42.82 万笔，金额 25.70 万亿元；批量客户汇款业务 2.56 万笔，金额 1.11 亿元；双边业务 2.67 万笔，金额 2.66 万亿元；清算机构借贷业务 59 笔，金额 0.32 亿元。

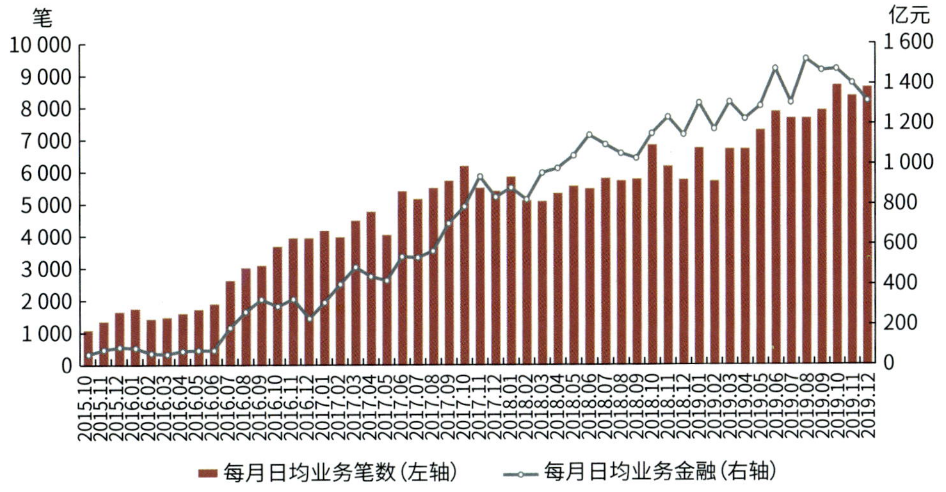

数据来源：CIPS 系统。

图 2-13　2015—2019 年 CIPS 日均处理跨境人民币业务笔数和金额

2019 年，作为“债券通”北向通资金唯一清算渠道，CIPS 系统共处理“债券通”资金结算 2.7 万笔，金额 2.7 万亿元，同比分别增长 2.6 倍和 2.0 倍，涉及境外买券 1.47 万亿元，卖券 1.19 万亿元，净流入 0.28 万亿元。从境内托管机构看，中央结算公司托管债券资金结算 2.2 万笔，合计金额 2.1 万亿元；上海清算所托管债券资金结算 4 314 笔，合计金额 6 091 亿元。

九、人民币利率和汇率变动

（一）利率变动情况

2019 年，境内货币市场人民币利率中枢整体下行，年末略有回升。年末，隔夜、1 个月期、3 个月期、6 个月期和 1 年期上海银行间同业拆放利率（SHIBOR）较年初分别下降 61 个、22 个、27 个、25 个和 41 个基点，收于 1.69%、2.98%、3.02%、3.05% 和 3.10%；7 天期 SHIBOR 较年初小幅上升 10 个基点，收于 2.74%。

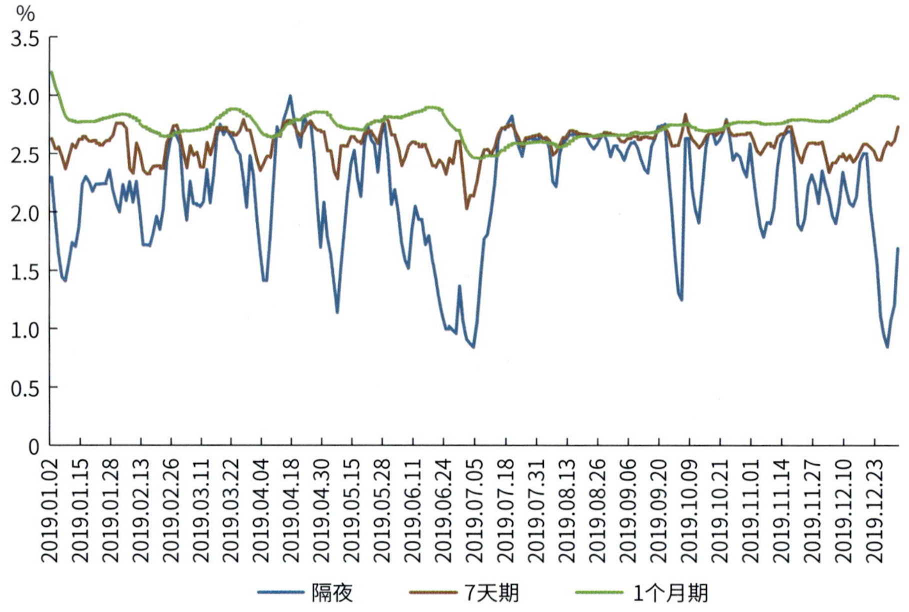

数据来源：中国货币网。

图 2-14　上海银行间同业拆借利率走势（1）

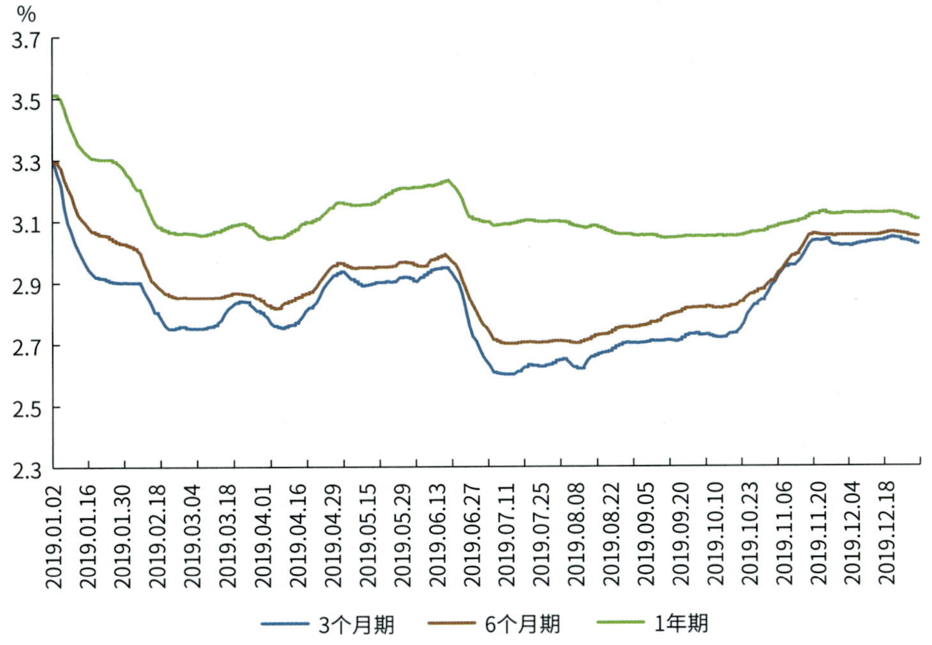

数据来源：中国货币网。

图 2-15 上海银行间同业拆借利率走势（2）

（二）汇率变动情况

2019 年，人民币对一篮子货币总体先升后贬。年末，中国外汇交易中心（CFETS）人民币汇率指数为 91.39，较 2018 年末下跌 2.03%。根据国际清算银行（BIS）数据，2005 年人民币汇率形成机制改革以来，截至 2019 年末，人民币名义和实际有效汇率分别升值 32.3% 和 46.7%。

2019 年，境内人民币汇率双向浮动，弹性显著增强。人民币对美元等全球主要货币有升有贬，其中人民币对美元、日元和英镑的中间价分别较 2018 年末贬值 1.62%、3.43% 和 5.18%，人民币对欧元中间价较 2018 年末升值 0.41%。

全年，美元兑人民币汇率中间价最高为 6.6850 元，最低为 7.0884 元，波动幅度达 4 034 个基点，年化波动率为 4%。244 个交易日中 113 个交易日升值、130 个交易日贬值、1 个交易日持平。最大单日升值幅度为 0.70%（469 点），最大单日贬值幅度为 0.66%（458 点）。2019 年末，人民币对美元汇率中间价为 6.9762 元，较 2018 年末贬值 1.62%；对美元汇率收盘价为 6.9662 元，较 2018 年末贬值 1.44%。

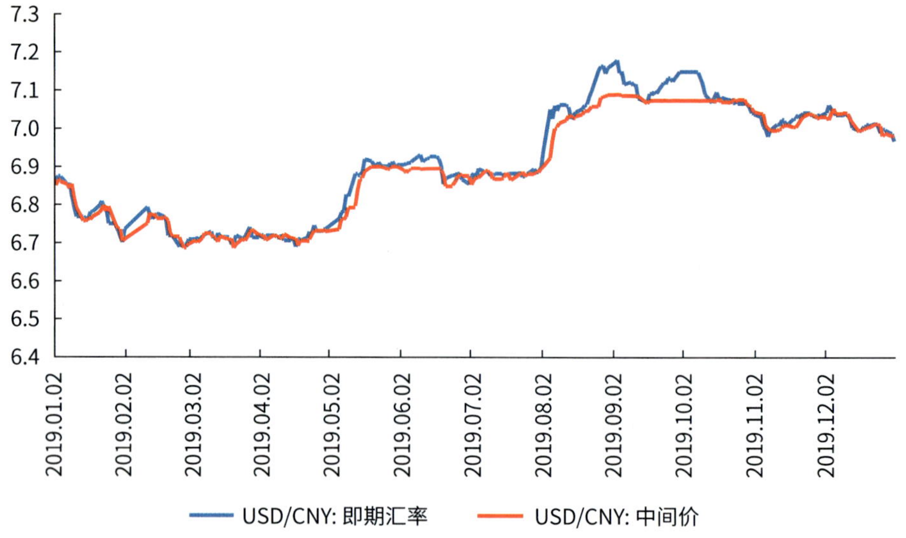

数据来源：路透社。

图 2-16　境内人民币汇率走势

十、中央银行合作

（一）双边本币结算

2020 年 1 月，人民银行与老挝央行签署《中国人民银行与老挝银行双边本币合作协议》，将本币结算范围由边境贸易扩大至两国已放开的所有经常和资本项下交易。

（二）双边本币互换

2019 年，人民银行与澳门金管局新签双边本币互换协议，金额 300 亿元人民币；先后与苏里南央行、新加坡金管局、土耳其央行、欧央行和匈牙利央行续签双边本币互换协议，总金额 6 830 亿元人民币。截至 2019 年末，人民银行共与 39 个国家和地区的中央银行或货币当局签署了双边本币互换协议，覆盖全球主要发达经济体、新兴经济体，以及主要离岸人民币市场所在地，总金额超过 3.7 万亿元人民币。

（三）境外清算机制安排

2019 年 6 月，人民银行授权日本三菱日联银行担任日本人民币清算行。9 月，人民银行授权中国银行马尼拉分行担任菲律宾人民币清算行。截至 2019 年末，清算安排已覆盖 25 个国家和地区。

第三部分

政策及相关改革进展

2019年，跨境人民币业务政策不断优化，金融市场开放力度持续加大，宏观审慎管理不断完善，人民币汇率市场化改革稳步推进。

一、优化跨境人民币业务政策

2019年9月，人民银行宏观审慎管理局发布《关于开展更高水平贸易投资便利化试点业务的通知》（银宏审〔2019〕10号），将上海、广东、天津、福建、辽宁、浙江、河南、重庆、四川、湖北、陕西、海南、山东、江苏、广西、河北、云南、黑龙江18个自由贸易试验区作为试点地区，开展更高水平的贸易投资便利化试点业务。自贸区银行可在“展业三原则”的基础上，凭优质企业提交的跨境业务人民币结算收/付款说明或收/付款指令，直接为优质企业办理货物贸易、服务贸易人民币跨境结算业务（转口贸易、退款除外），以及资本项目人民币收入资金在境内的支付使用。优质企业无须事前、逐笔提交真实性证明材料。跨境人民币政策进一步优化完善。

专栏七　人民币跨境结算政策助力更高水平贸易投资便利化

2019年12月，人民银行营业管理部发布《北京地区对外承包工程类优质诚信企业跨境人民币结算业务便利化方案》（以下简称《方案》），全国首个对外承包工程类企业跨境人民币结算业务便利化试点在北京正式落地。

《方案》提出了一系列便利化措施。一是便利企业办理货物贸易及服务贸易跨境人民币业务，试点银行可凭优质诚信企业提交的收/付款说明，直接办理相关业务，无须事前、逐笔提交真实性证明材料。二是便利企业办理资本项目人民币跨境收入资金境内支付使用，试点银行可在符合现行管理规定前提下直接办理，无须事前、逐笔提交真实性证明材料。三是为确保项目开工运转而需提前支付款项时，试点银行可凭相关真实性材料为优质诚信企业办理境外承包工程项目资金汇出业务。四是试点银行可凭优质诚信企业提交的收/付款说明或支付信息清单，在审核真实性证明材料后，为企业办理外派员工工资薪酬等跨境支付业务。五是鼓励北京地区自律机制成员银行开展境内外联动，为优质诚信企业在境外的工程项目提供账户开立、流动性管理等全流程综合服务。

此次试点有助于企业在跨境贸易和结算中节约汇兑成本、规避汇率风险、简化结算手续、加快资金周转，在企业“走出去”的同时扩大人民币的跨境使用，对促进“一带一路”资金融通和人民币国际化具有积极意义。

二、推动资本市场双向开放

（一）完善“沪伦通”相关配套支持工作，启动“沪伦通”

2019 年 5 月，人民银行、外汇局发布《存托凭证跨境资金管理办法（试行）》（中国人民银行　国家外汇管理局公告〔2019〕第 8 号）。作为“沪伦通”和存托凭证业务的重要配套政策安排，规范存托凭证发行、转换、存托过程中的跨境资金管理。

2019 年 6 月 17 日，“沪伦通”正式启动。

（二）优化合格投资者管理政策框架，提升投资效率

2019 年 9 月，取消合格境外机构投资者 / 人民币合格境外机构投资者（QFII/RQFII）投资额度及 RQFII 试点国家和地区限制，进一步便利境外合格投资者入市投资。

2019 年 10 月，人民银行、外汇局发布《关于进一步便利境外机构投资者投资银行间债券市场有关事项的通知》（银发〔2019〕240 号），打通银行间债券市场 QFII/RQFII 和直接入市渠道下债券和资金账户，允许债券非交易过户和资金双向划转。

三、完善人民币汇率形成机制

2019 年，人民银行继续推进人民币汇率市场化改革，完善以市场供求为基础、参考一篮子货币进行调节、有管理的浮动汇率制度，人民币汇率弹性增强，有效发挥了汇率调节宏观经济和国际收支自动稳定器的作用。8 月初，受中美贸易摩擦进一步升级影响，美元兑人民币汇率在市场力量推动下“破 7”，但汇率预期总体保持平稳，此后受国际经济金融形势以及贸易摩擦局势变化影响，人民币汇率多次“破 7”。总的来看，2019 年跨境资本流动和外汇供求基本平衡，汇率预期总体平稳，人民币汇率在合理均衡水平上保持基本稳定。

第四部分

离岸人民币市场发展

2019 年，离岸人民币市场保持健康平稳发展，市场广度和深度不断拓展，离岸在岸人民币市场联动增强，人民币产品体系趋于成熟，投资行为趋于理性。“沪深港通”“债券通”、基金互认机制不断优化，离岸与在岸之间人民币的双向流通机制不断完善，对境内的投资不断增长。

一、离岸人民币利率和汇率变动

（一）利率方面

2019 年以来，离岸人民币利率总体回落，与 2018 年相比波动有所下降，各期限出现分化，短期利率波动持稳，较长期限总体回落。2019 年末，人民币香港银行同业拆借利率（HIBOR）隔夜拆借定盘利率为 1.92%，较 2018 年末上升 20 个基点；7 天期、3 个月期和 1 年期利率分别为 2.40%、3.26% 和 3.35%，分别较 2018 年末下降 40 个、32 个和 48 个基点。

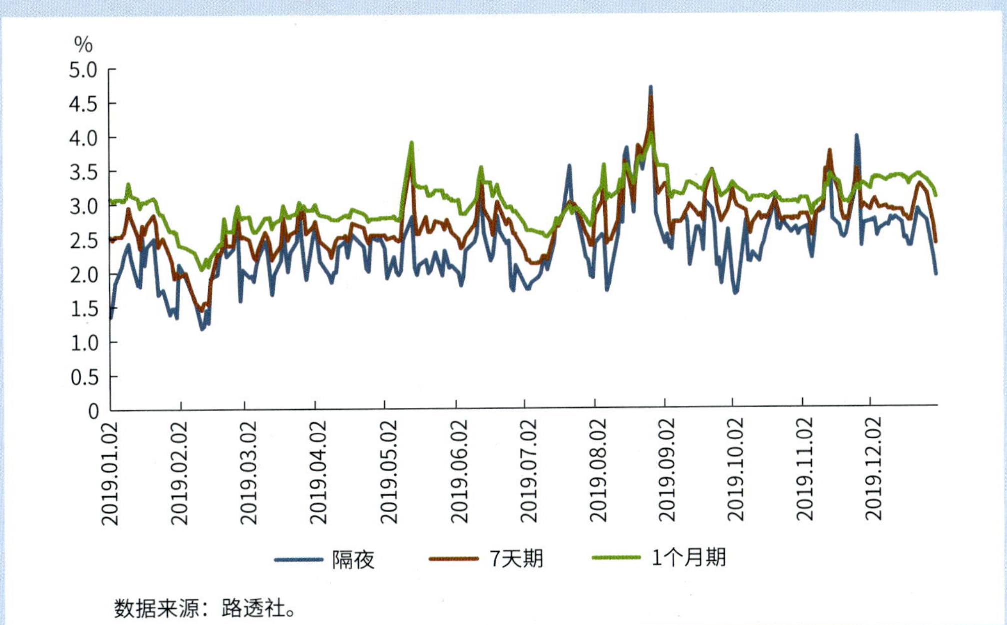

图 4-1　2019 年香港离岸人民币拆借利率走势（1）

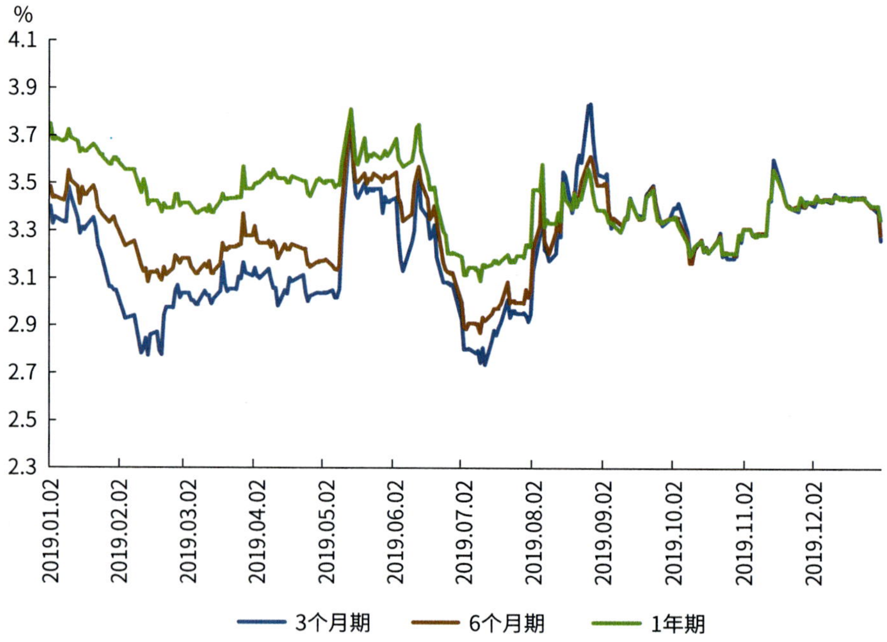

数据来源：路透社。

图 4-2　2019 年香港离岸人民币拆借利率走势（2）

2019 年，离岸市场利率水平整体高于在岸市场，年内呈扩大态势，HIBOR 比 SHIBOR 平均高 0.02 个百分点。1 个月期和 3 个月期 HIBOR 与 SHIBOR 利差分别由上半年的 22 个和 19 个基点扩大至下半年的 44 个和 36 个基点。

（二）汇率方面

2019 年，离岸人民币汇率双向波动特征显著，与在岸人民币汇率走势基本一致，离岸在岸汇差有所收窄，贬值预期总体稳定。2019 年前 4 个月，离岸人民币汇率总体走升，最高收于 6.6795，此后贸易争端升级，离岸人民币汇率整体走弱，年末收于 6.9591，较 2018 年末贬值 1.14%。1 年期无本金交割远期（NDF）报价总体走贬，全年贬值 1.90%，隐含贬值率年内呈双向波动，年末为 0.72%，与年初大致持平。离岸人民币汇率走势总体弱于在岸人民币汇率，年内弱于在岸人民币汇率的交易日是走强的两倍多。全年离岸在岸日均汇差为 96 个基点，较 2018 年缩小 32 个基点。

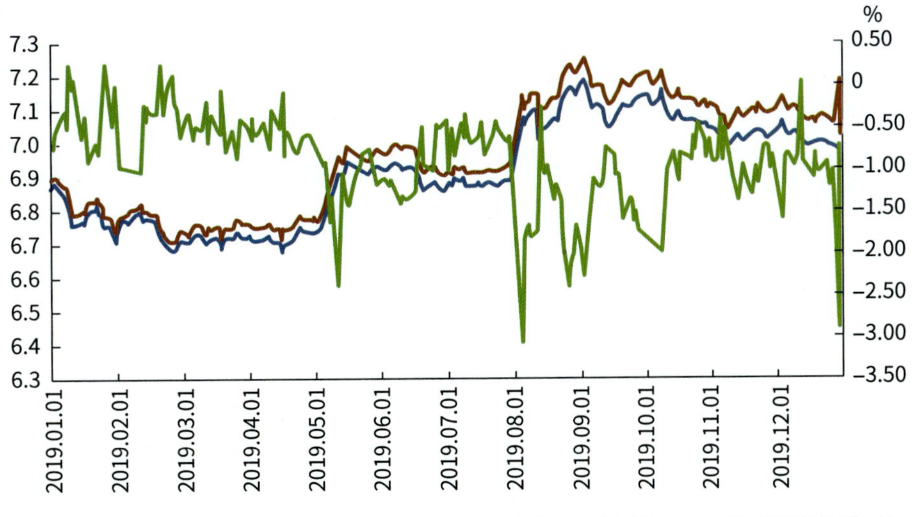

数据来源：路透社。

图 4-3　美元兑香港离岸人民币汇率走势

二、离岸人民币存贷款

2019 年末，香港地区人民币存款余额为 6 322 亿元人民币，在各离岸市场中排名第一位，同比上升 2.8%，占香港地区全部存款余额的 5.1%，占其外币存款的 10.3%。台湾地区人民币存款余额 2 610 亿元，同比下降 12.5%，占台湾地区全部存款的 3.2%，占其外币存款的 18.6%。

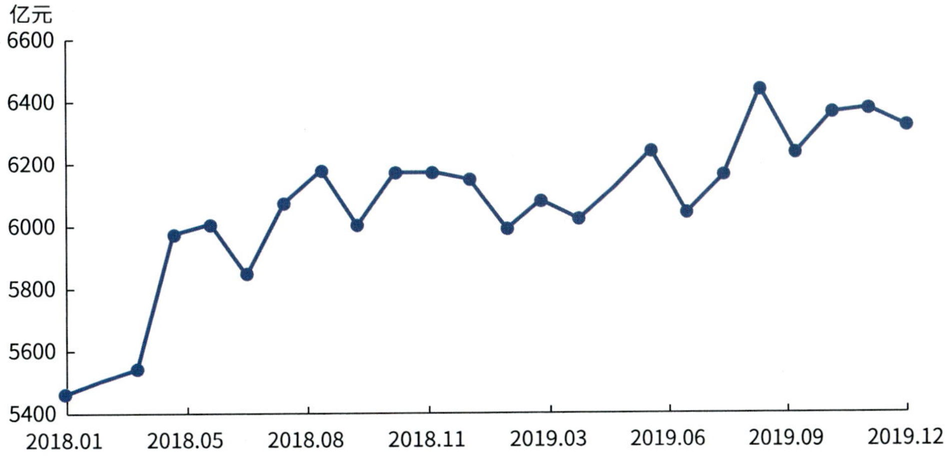

数据来源：香港金管局。

图 4-4　香港地区人民币存款情况

三、离岸人民币证券融资

2019 年，离岸人民币债券市场回暖。据不完全统计，已建立清算行的国家和地区 2019 年共发行人民币债券 3 968 亿元，同比增长 35.4%，其中香港人民币债券发行全年为 1 667 亿元，比 2018 年增长 230.4%。截至 2019 年末，已建立清算行的国家和地区人民币债券未偿付余额 4 572 亿元，同比增长 10.2%；人民币存单（CD）发行余额 857 亿元，同比下降 21.7%。

专栏八　在港发行人民币央行票据常态化

2018 年 9 月，人民银行与香港金管局签署合作备忘录，旨在便利人民银行在香港发行央行票据，丰富香港高信用等级人民币金融产品，完善香港人民币债券收益率曲线。2018 年 11 月以来，人民银行逐步建立了在香港发行人民币央行票据的常态机制。截至 2020 年 3 月末，香港人民币央行票据余额为 800 亿元，包括 3 个月期、6 个月期、1 年期等期限品种。香港人民币央行票据通过香港金融管理局债务工具中央结算系统（CMU）面向离岸市场投资者招标发行，目前发行频率为每一个半月左右发行一次，发行量主要根据市场需求确定。从历次央行票据发行情况看，央行票据均受到国际投资者欢迎，市场认购踊跃，即使在 2020 年 3 月国际金融市场波动较大的情况下，央行票据的认购倍数也超过三倍，反映了境外投资者看好人民币和对中国经济的信心。

香港人民币央行票据的稳定持续发行有利于丰富香港市场高信用等级人民币投资产品系列和人民币流动性管理工具，满足离岸市场投资者需求，完善离岸人民币收益率曲线，促进离岸人民币货币市场发展，以及带动其他发行主体在离岸市场发行人民币债券，有助于推动人民币国际化。

四、全球人民币外汇交易

2019 年，全球人民币外汇交易稳步增加。根据国际清算银行发布的 2019 年 4 月最新数据（3 年一次），全球交易最活跃货币中人民币排名第八，在新兴市场国家货币中排名第一。全球人民币日均交易量从 2016 年的 2 020 亿美元增至 2 840 亿美元，交易量占全球外汇市场份额从 2016 年的 4.0% 上升至 4.3%。人民币交易增长主要来自人民币对美元交易增长，95% 的人民币对外币交易由人民币对美元构成，对美元交易量居全球第六位，与 2016 年持平，日均交易量从 2016 年的 1 920 亿美元增至 2 690 亿美元。根据环球银行金融电信协会（SWIFT）数据，人民币是全球外汇市场最活跃的货币之一。目前英国、中国香港、美国和新加坡人民币外汇交易金额分别排在离岸市场前四位，合计占离岸人民币外汇交易金额超过八成。

目前，离岸人民币市场产品体系已较为成熟。离岸场外交易市场（OTC）的人民币外汇产品包括即期、远期、掉期、货币掉期、无本金交割远期、期权等。离岸场内交易市场有多种人民币计价的投资产品，如人民币货币期货、人民币交易型开放式指数基金（ETF）、人民币房地产投资信托（REITs）等。2019 年，新加坡交易所美元兑人民币期货成交 906.9 万张合约（日均 36 710 张），同比增长超过 70%。年末未平仓合约量达 53 288 张合约，同比增长 76%，占全球所有交易所类似产品未平仓仓位的近 68%。香港交易所人民币兑美元期货成交 193.9 万张合约（日均 7 882 张），同比增长 10%；人民币兑美元期权日均成交 63 张合约，同比下降 48%。2019 年末，人民币货币期货未平仓合约 24 636 张，人民币货币期权未平仓合约 1 643 张。台湾期货交易所美元兑人民币期货成交 7.5 万张合约（日均 311 张），同比上涨 13%；小型美元兑人民币期货成交 28.9 万张合约（日均 1 196 张），同比上涨 2%。美元兑人民币期权成交 1.3 万张合约（日均 55 张），同比下降 17%；小型美元兑人民币期权成交 10.9 万张合约（日均 449 张），同比下降 9%。

五、离岸人民币清算

截至 2019 年末，境外清算行人民币清算量合计 348.17 万亿元，同比增长 10%，其中代客清算量 32.71 万亿元，同比增长 11.2%；银行同业清算量 315.46 万亿元，同比增长 9.8%。截至 2019 年末，在境外清算行开立清算账户的参加行及其他机构数目达 912 个，同比增长 2.9%。2019 年，香港人民币实时支付结算系统（RTGS）处理的清算金额达 266 万亿元，同比增长 13.6%，继续保持高速增长。

专栏九　香港以外其他主要离岸市场发展情况

英国。2019 年英国人民币离岸市场继续平稳发展，继续保持亚洲以外最大人民币离岸清算中心。2019 年，伦敦离岸人民币外汇日均交易额 820 亿英镑，较 2018 年增长 7.0%。截至 2019 年末，伦敦证券交易所未到期人民币债券共计 110 只，存量总规模 347 亿元，较 2018 年末增长 3%。2019 年末，伦敦离岸市场人民币存款余额为 549.6 亿元，同比下降 4.1%；人民币贷款余额 538.5 亿元，同比上升 9.4%。

新加坡。2019 年，新加坡人民币外汇交易金额占全球总金额的 4.66%。全年新加坡交易所美元兑离岸人民币期货成交额超过 9 070 亿美元，较 2018 年增长

76%；日均成交额 36.7 亿美元，较 2018 年增长 69%。截至 2019 年末，未到期人民币债券 66 只，规模 360 亿元。2019 年，新加坡市场发行人民币债券 10 只，规模 42 亿元。

美国。2019 年，美国人民币外汇交易量在全球主要离岸市场中排名继续保持第三，市场份额为 7.8%，较 2018 年的 8.5% 略有下降，仅次于英国和中国香港。美国离岸人民币市场基础设施继续完善，资本市场对人民币认可度不断提升。

德国。2019 年，越来越多的德国实体企业将人民币作为国际贸易结算货币，德国金融机构积极参与人民币业务。截至 2019 年末，已有 45 家人民币参加行通过清算行办理人民币业务，截至 2020 年 5 月底，已有 6 家德国同业机构通过当地清算行成为 CIPS 间接参与者。2019 年 1 月，第二次中德高级别财金对话联合声明，再次明确双方欢迎并支持法兰克福人民币离岸市场发展，扩大人民币在中德之间的跨境使用。

韩国。2019 年，人民币兑韩元直接兑换市场交易总量为 3.94 万亿元人民币，总交易笔数为 56 万笔，日均交易量达到 160.25 亿元人民币（单边），较 2018 年增长约 33.6%。截至 2019 年末，韩国人民币业务清算行共为 71 家金融机构开立 74 个人民币清算及结算账户，实现对韩资本地银行的全覆盖，参加行包括商业银行、中央银行、证券公司和非银行机构等多种类型。

阿联酋。自 2016 年当地建立人民币清算安排后，阿联酋人民币业务保持健康发展，人民币业务品种日益丰富。2019 年，阿联酋人民币业务清算行共实现人民币清算量 530.2 亿元，同比增长 8.1%。阿联酋主权财富基金阿布扎比投资局和阿联酋最大的银行阿布扎比第一银行（FAB）已开展中国银行间债券市场投资。2019 年阿布扎比第一银行共发行了 9 期离岸人民币债券，发行量超过 25 亿元人民币。

第五部分

趋势展望

人民币国际化是市场驱动下水到渠成的过程。近年来，人民币跨境使用保持快速增长，特别是2020年以来在新冠肺炎疫情冲击全球贸易、金融及经济的背景下，人民币跨境使用仍保持韧性并呈现增长。未来，将继续以服务实体经济为导向，坚持市场化原则，稳步推进人民币国际化。

一是坚持市场驱动。探索推进更高水平的贸易投资便利化，不断消除境内外限制人民币使用的障碍，为人民币与其他主要可兑换货币创造公平竞争的环境。二是继续推动国内金融市场开放和基础设施互联互通。进一步便利境外投资者使用人民币投资境内债券和股票。三是引导离岸人民币市场健康发展。提升人民币可自由使用水平，促进离岸与在岸市场良性互动、深度整合。四是完善宏观审慎管理。加强对跨境资金流动的监测、分析和预警，做好逆周期调节，防范跨境资金流动风险。

一、人民币支付货币功能将不断增强

在当前国内企业向周边国家转移产能的背景下，随着跨境人民币政策进一步优化，各项改革不断推进，将有更多的市场主体，特别是周边和“一带一路”沿线国家的市场主体，接受以人民币进行支付结算。自贸区、粤港澳大湾区将成为使用人民币跨境支付新的增长点。

二、人民币投融资货币功能将持续深化

随着中国金融市场双向开放的广度和深度不断拓展，不同开放渠道进一步整合，金融市场基础设施对外联通持续完善，境外投资者配置人民币资产将进一步便利、参与境内金融市场交易有望继续快速增长。

三、人民币储备货币功能将进一步显现

人民币加入SDR货币篮子后，国际地位不断提升。中国对外货币合作持续加深，境外央行类机构投资中国金融市场渠道继续拓宽，投资代理服务不断优化，入市流程和周期大幅缩减，各央行和货币当局持有人民币储备资产的意愿有望进一步上升。

四、人民币计价货币功能将有更多发展

人民币在政府涉外统计、核算、管理中的计价职能进一步增强，发展成熟的期货市场陆续引入境外交易者，原油、铁矿石等大宗商品贸易中更多使用人民币计价结算，以人民币计价的金融产品种类和规模进一步扩大。

五、双边货币合作将稳步推进

人民银行将继续稳步推进与全球其他央行或货币当局的货币合作，优化货币合作框架，进一步发挥双边货币合作在便利双边贸易和投资、维护金融稳定方面的积极作用。

专栏十　年度人民币国际使用市场调查

2019 年，中国银行对境内外工商企业及金融机构使用人民币的情况进行了市场调查，调查样本超 3 300 家。调查主要结论如下：

一是人民币作为结算货币的基础巩固。调查结果显示，境外被调研对象使用人民币结算的比例明显提升。约有 69% 的受访境外工商企业打算使用人民币或进一步提升人民币的使用比例，这一占比为 2016 年以来最高，接近历史最好水平。

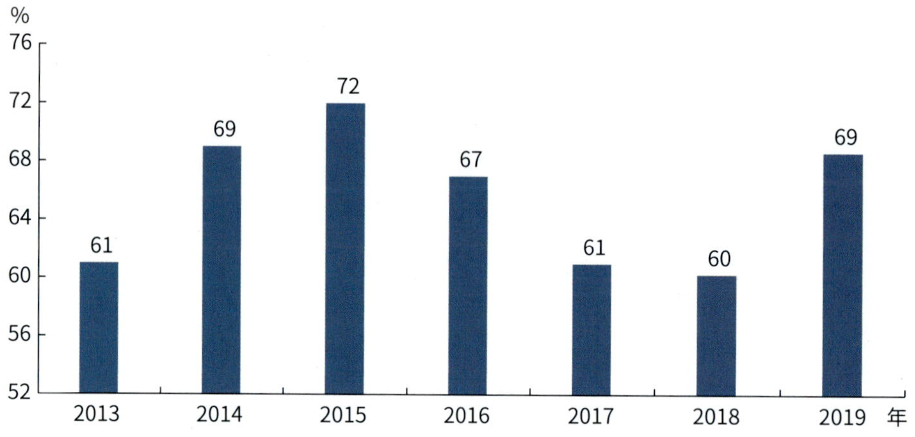

数据来源：中国银行。

图 5-1　境外工商企业中打算提升人民币使用比例的企业占比

二是人民币作为计价货币职能初步发挥。调查结果显示，人民币的计价货币职能近年来保持总体稳定，近两成的境内受访对象在人民币汇率波动时能坚持人民币计价，完全规避汇率风险。使用人民币计价的境内企业比例连续 4 年保持稳定，表明人民币计价货币职能的提升相对较为缓慢。由于涉及交易习惯、供应链上下游的

结算货币选择、金融市场配套等多方面因素，人民币计价货币职能的提升需要经历一个长期积累、由量变到质变的过程。

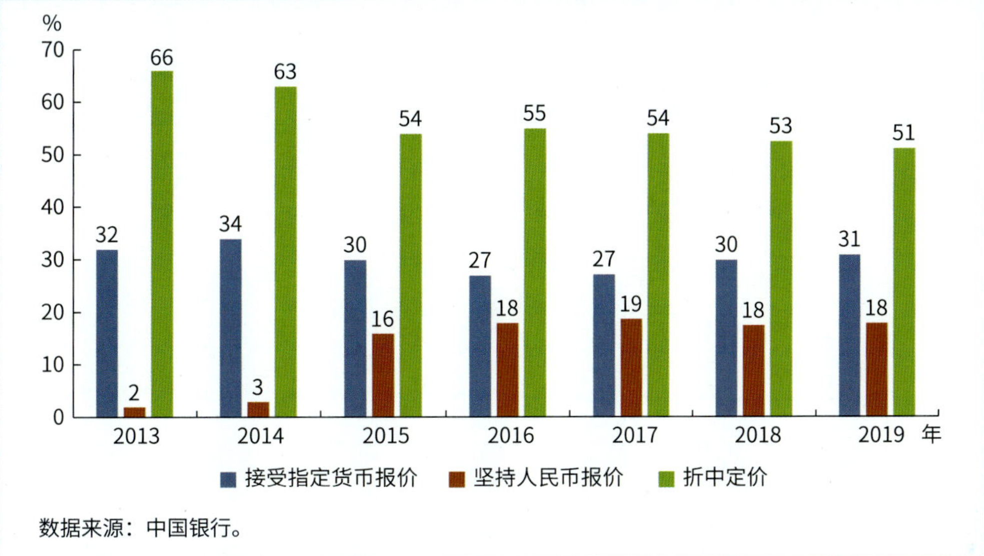

图 5-2　汇率波动时使用人民币计价的境内工商企业占比

三是人民币作为融资货币的吸引力正在逐步显现。调查显示，约有 82% 的受访境外工商企业表示，当美元、欧元等国际货币流动性较为紧张时，将考虑使用人民币作为融资货币，这一比例创下 2016 年以来的新高，表明人民币作为国际融资货币的吸引力正在逐步显现。75% 的受访境外工商企业愿意考虑在与中国的经贸往来中使用人民币作为贸易融资货币。这表明人民币的国际融资货币职能，正在有力促进贸易便利化，在服务实体经济中发挥积极作用。

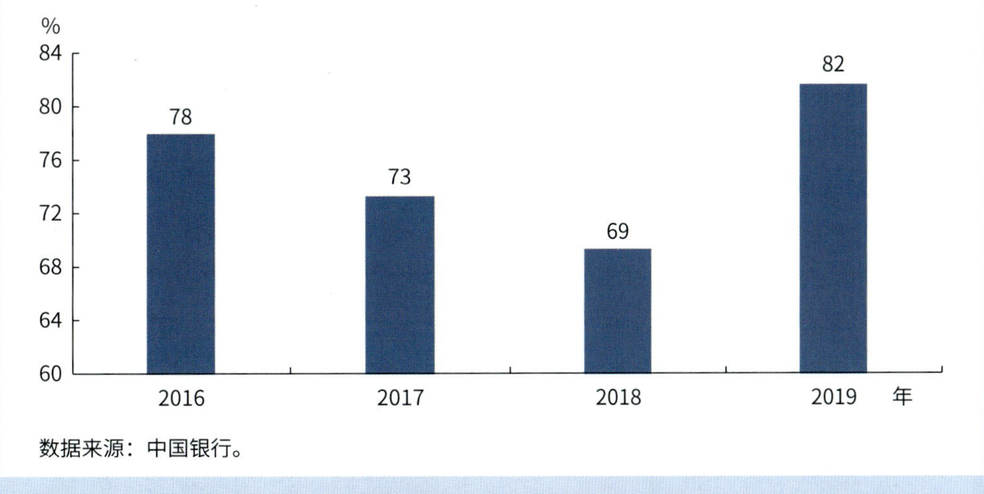

图 5-3　当美元、欧元等国际货币流动性较为紧张时，将人民币作为融资货币的境外受访工商企业占比

四是对人民币国际货币地位的预期创下新高。调查结果显示，受访境内外工商企业对人民币国际地位的预期较 2018 年有了进一步的提升。未来 10 年，认为人民币的国际地位不弱于日元和英镑的境内外工商企业合计占受访境内外工商企业的 80%，这一比例较 2018 年的调查结果提升了 3 个百分点，实现 2016 年以来四连升，并创下 2013 年首次市场调查以来的新高。

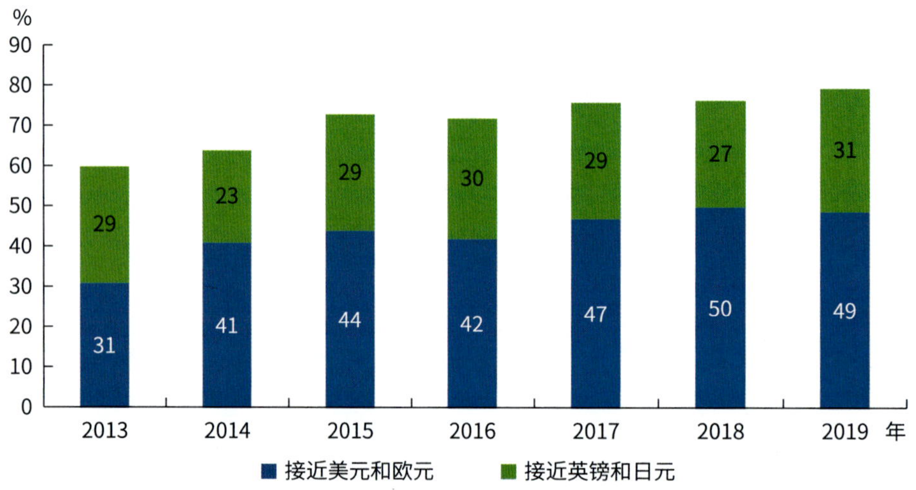

数据来源：中国银行。

图 5-4　境内外工商企业对人民币国际地位的预期

第六部分 人民币国际化大事记

2009年

1月20日，中国人民银行与香港金融管理局签署了规模为2 000亿元人民币/2 270亿港元的双边本币互换协议。

2月8日，中国人民银行与马来西亚国家银行签署了规模为800亿元人民币/400亿林吉特的双边本币互换协议。

3月11日，中国人民银行与白俄罗斯共和国国家银行签署了规模为200亿元人民币/8万亿白俄罗斯卢布的双边本币互换协议。

3月23日，中国人民银行与印度尼西亚银行签署了规模为1 000亿元人民币/175万亿印度尼西亚卢比的双边本币互换协议。

4月2日，中国人民银行与阿根廷中央银行签署了规模为700亿元人民币/380亿阿根廷比索的双边本币互换协议。

4月20日，中国人民银行与韩国银行签署了规模为1 800亿元人民币/38万亿韩元的双边本币互换协议。

6月29日，中国人民银行与香港金融管理局就内地与香港跨境贸易人民币结算试点业务签订《补充合作备忘录(三)》。

7月1日，中国人民银行、财政部、商务部、海关总署、国家税务总局和中国银行业监督管理委员会联合发布《跨境贸易人民币结算试点管理办法》(中国人民银行 财政部 商务部 海关总署 国家税务总局 中国银行业监督管理委员会公告〔2009〕第10号)。

7月3日，中国人民银行与中国银行(香港)有限公司签署了修订后的《香港人民币业务清算协议》，配合跨境贸易人民币结算试点工作的开展。

7月3日，为贯彻落实《跨境贸易人民币结算试点管理办法》，中国人民银行发布《跨境贸易人民币结算试点管理办法实施细则》(银发〔2009〕212号)。

7月6日，上海市办理第一笔跨境贸易人民币结算业务；人民币跨境收付信息管理系统(RCPMIS)正式上线运行。

7月7日，广东省4个城市启动跨境贸易人民币结算试点工作。

7 月 14 日，中国人民银行、财政部、商务部、海关总署、国家税务总局、中国银行业监督管理委员会联合向上海市和广东省政府发布了《关于同意跨境贸易人民币结算试点企业名单的函》（银办函〔2009〕472 号），第一批试点企业正式获批开展出口货物贸易人民币结算业务，共计 365 家。

9 月 10 日，中国人民银行和国家税务总局签署《跨境贸易人民币结算试点信息传输备忘录》。

9 月 15 日，财政部首次在香港发行人民币国债，债券金额共计 60 亿元人民币。

12 月 22 日，中国人民银行发布《跨境贸易人民币结算试点相关政策问题解答》。

2010 年

2 月 11 日，香港金融管理局发布《香港人民币业务的监管原则及操作安排的诠释》。

3 月 8 日，中国人民银行发布《人民币跨境收付信息管理系统管理暂行办法》（银发〔2010〕79 号）。

3 月 19 日，中国人民银行和海关总署签署《关于跨境贸易以人民币结算协调工作合作备忘录》。

3 月 24 日，中国人民银行与白俄罗斯共和国国家银行签署了《中白双边本币结算协议》。

6 月 9 日，中国人民银行与冰岛中央银行签署了规模为 35 亿元人民币 /660 亿冰岛克朗的双边本币互换协议。

6 月 17 日，中国人民银行、财政部、商务部、海关总署、国家税务总局和中国银行业监督管理委员会联合发布《关于扩大跨境贸易人民币结算试点有关问题的通知》（银发〔2010〕186 号），扩大跨境贸易人民币结算试点范围。

7 月 19 日，中国人民银行与香港金融管理局在香港签署《补充合作备忘录（四）》，与中国银行（香港）有限公司签署修改后的《关于人民币业务的清算协议》。

7 月 23 日，中国人民银行与新加坡金融管理局签署了规模为 1 500 亿元人民币 /300 亿新加坡元的双边本币互换协议。

8 月 17 日，中国人民银行发布《关于境外人民币清算行等三类机构运用人民币投资银行间债券市场试点有关事宜的通知》（银发〔2010〕217 号）。

8 月 19 日，经中国人民银行授权，中国外汇交易中心在银行间外汇市场完善人民币对马来西亚林吉特的交易方式，发展人民币对马来西亚林吉特直接交易。

8 月 31 日，中国人民银行发布《境外机构人民币银行结算账户管理办法》（银发〔2010〕249 号）。

11 月 22 日，经中国人民银行授权，中国外汇交易中心在银行间外汇市场完善人民币对俄罗斯卢布的交易方式，发展人民币对俄罗斯卢布直接交易。

2011 年

1 月 6 日，中国人民银行发布《境外直接投资人民币结算试点管理办法》（中国人民银行公告〔2011〕第 1 号），允许跨境贸易人民币结算试点地区的银行和企业开展境外直接投资人民币结算试点，银行可以按照有关规定向境内机构在境外投资的企业或项目发放人民币贷款。

4 月 18 日，中国人民银行与新西兰储备银行签署了规模为 250 亿元人民币 /50 亿新西兰元的双边本币互换协议。

4 月 19 日，中国人民银行与乌兹别克斯坦共和国中央银行签署了规模为 7 亿元人民币 /1 670 亿乌兹别克斯坦苏姆的双边本币互换协议。

5 月 6 日，中国人民银行与蒙古银行签署了规模为 50 亿元人民币 /1 万亿蒙古图格里克的双边本币互换协议。

6 月 3 日，中国人民银行发布《关于明确跨境人民币业务相关问题的通知》（银发〔2011〕145 号）。

6 月 9 日，昆明富滇银行与老挝大众银行共同推出人民币与老挝基普的挂牌汇率。

6 月 13 日，中国人民银行与哈萨克斯坦国家银行签署了规模为 70 亿元人民币 /1 500 亿坚戈的双边本币互换协议。

6 月 23 日，中国人民银行与俄罗斯联邦中央银行签订了新的双边本币结算协定，规定两国经济活动主体可自行决定用自由兑换货币、人民币和卢布进行商品和服务的结算与支付。

6 月 28 日，中国工商银行广西分行和中国银行新疆分行相继推出人民币兑越南盾、哈萨克斯坦坚戈挂牌交易。

6 月 30 日，交通银行青岛分行、韩国企业银行青岛分行推出人民币对韩元的柜台挂牌交易。

7 月 27 日，中国人民银行、财政部、商务部、海关总署、国家税务总局、中国银行业监督管理委员会发布《关于扩大跨境贸易人民币结算地区的通知》（银发〔2011〕203 号），明确将跨境贸易人民币结算境内地域范围扩大至全国。

10 月 13 日，中国人民银行发布《外商直接投资人民币结算业务管理办法》（中国人民银行公告〔2011〕第 23 号）。

10 月 24 日，中国人民银行发布《关于境内银行业金融机构境外项目人民币贷款的指导意见》（银发〔2011〕255 号）。

10 月 26 日，中国人民银行与韩国银行续签双边本币互换协议，互换规模由原来的 1 800 亿元人民币 /38 万亿韩元扩大至 3 600 亿元人民币 /64 万亿韩元。

11 月 4 日，根据中国人民银行公告〔2003〕第 16 号确定的选择香港人民币业务业务清算行的原则和标准，中国人民银行授权中国银行（香港）有限公司继续担任香港人民币业务清算行（中国人民银行公告〔2011〕第 25 号）。

11 月 22 日，中国人民银行与香港金融管理局续签双边本币互换协议，互换规模由原来的 2 000 亿元人民币 /2 270 亿港元扩大至 4 000 亿元人民币 /4 900 亿港元。

12 月 16 日，中国证券监督管理委员会、中国人民银行、国家外汇管理局联合发布《基金管理公司、证券公司人民币合格境外机构投资者境内证券投资试点办法》（证监会令第 76 号）。

12 月 22 日，中国人民银行与泰国银行签署了中泰双边本币互换协议，互换规模为 700 亿元人民币 /3 200 亿泰铢。

12 月 23 日，中国人民银行与巴基斯坦国家银行签署了中巴双边本币互换协议，互换规模为 100 亿元人民币 /1 400 亿巴基斯坦卢比的双边本币互换协议。

12 月 29 日，人民币对泰铢银行间市场区域交易在云南省成功推出，这是我国首例人民币对非主要国际储备货币在银行间市场的区域交易。

12 月 31 日，中国人民银行发布《关于实施〈基金管理公司、证券公司人民币合格境外机构投资者境内证券投资试点办法〉有关事项的通知》（银发〔2011〕321 号）。

2012 年

1 月 17 日，中国人民银行与阿联酋中央银行在迪拜签署了规模为 350 亿元人民币 /200 亿迪拉姆的双边本币互换协议。

2 月 6 日，中国人民银行、财政部、商务部、海关总署、国家税务总局和中国银行业监督管理委员会联合发布《关于出口货物贸易人民币结算企业管理有关问题的通知》（银发〔2012〕23 号）。

2 月 8 日，中国人民银行与马来西亚国家银行续签了中马双边本币互换协议，互换规模由原来的 800 亿元人民币 /400 亿林吉特扩大至 1 800 亿元人民币 /900 亿林吉特。

2月21日，中国人民银行与土耳其中央银行签署了规模为100亿元人民币/30亿土耳其里拉的双边本币互换协议。

3月20日，中国人民银行与蒙古银行签署了中蒙双边本币互换补充协议，互换规模由原来的50亿元人民币/1万亿图格里克扩大至100亿元人民币/2万亿图格里克。

3月22日，中国人民银行与澳大利亚储备银行签署了规模为2 000亿元人民币/300亿澳大利亚元的双边本币互换协议。

4月3日，经国务院批准，香港地区人民币合格境外机构投资者（RQFII）试点额度扩大500亿元人民币。

6月1日，经中国人民银行授权，中国外汇交易中心在银行间外汇市场完善人民币对日元的交易方式，发展人民币对日元直接交易。

6月26日，中国人民银行与乌克兰国家银行签署了规模为150亿元人民币/190亿格里夫纳的双边本币互换协议。

6月29日，中国人民银行发布《关于明确外商直接投资人民币结算业务操作细则的通知》（银发〔2012〕165号）。

7月31日，中国人民银行发布《境外机构人民币银行结算账户开立和使用有关问题的通知》（银发〔2012〕183号）。

8月31日，中国人民银行与台湾地区货币管理机构签署《海峡两岸货币清算合作备忘录》。

9月24日，中国人民银行与中国银行澳门分行续签《关于人民币业务的清算协议》。

11月13日，经国务院批准，香港地区人民币合格境外机构投资者（RQFII）试点额度扩大2 000亿元人民币。

12月11日，中国人民银行授权中国银行台北分行担任台湾人民币业务清算行。

2013年

1月25日，中国人民银行与中国银行台北分行签订《关于人民币业务的清算协议》。

2月8日，中国人民银行授权中国工商银行新加坡分行担任新加坡人民币业务清算行，并于4月与其签订《关于人民币业务的清算协议》。

3月1日，中国证券监督管理委员会、中国人民银行、国家外汇管理局联合发布《人民币合格境外机构投资者境内证券投资试点办法》（证监会令第90号）。

3 月 7 日，中国人民银行与新加坡金融管理局续签了规模为 3 000 亿元人民币 /600 亿新加坡元的双边本币互换协议。

3 月 13 日，中国人民银行发布《关于合格境外机构投资者投资银行间债券市场有关事项的通知》（银发〔2013〕69 号）。

3 月 26 日，中国人民银行与巴西中央银行签署了规模为 1 900 亿元人民币 /600 亿巴西雷亚尔的双边本币互换协议。

4 月 10 日，经中国人民银行授权，中国外汇交易中心在银行间外汇市场完善人民币对澳元的交易方式，发展人民币对澳元直接交易。

4 月 25 日，中国人民银行发布《关于实施〈人民币合格境外机构投资者境内证券投资试点办法〉有关事项的通知》（银发〔2013〕105 号）。

6 月 21 日，两岸签署《海峡两岸服务贸易协议》，允许台资金融机构以人民币合格境外机构投资者方式投资大陆资本市场，投资额度考虑按 1 000 亿元掌握。

6 月 22 日，中国人民银行与英格兰银行签署了规模为 2 000 亿元人民币 /200 亿英镑的双边本币互换协议。

7 月 9 日，中国人民银行发布《关于简化跨境人民币业务流程和完善有关政策的通知》（银发〔2013〕168 号）。

8 月 23 日，中国人民银行办公厅发布《关于优化人民币跨境收付信息管理系统信息报送流程的通知》（银办发〔2013〕188 号）。

9 月 9 日，中国人民银行与匈牙利中央银行签署了规模为 100 亿元人民币 /3 750 亿匈牙利福林的双边本币互换协议。

9 月 11 日，中国人民银行与冰岛中央银行续签了规模为 35 亿元人民币 /660 亿冰岛克朗的双边本币互换协议。

9 月 12 日，中国人民银行与阿尔巴尼亚银行签署了规模为 20 亿元人民币 /358 亿阿尔巴尼亚列克的双边本币互换协议。

9 月 23 日，中国人民银行发布《关于境外投资者投资境内金融机构人民币结算有关事项的通知》（银发〔2013〕225 号）。

10 月 1 日，中国人民银行与印度尼西亚银行续签了规模为 1 000 亿元人民币 /175 万亿印度尼西亚卢比的双边本币互换协议。

10 月 8 日，中国人民银行与欧洲中央银行签署了规模为 3 500 亿元人民币 /450 亿欧元的双边本币互换协议。

10 月 15 日，第五次中英经济财金对话宣布给予英国 800 亿元人民币合格境外机构投资者额度。

10 月 22 日，中新双边合作联合委员会第十次会议宣布给予新加坡 500 亿元人民币合格境外机构投资者额度。

12 月 31 日，中国人民银行发布《关于调整人民币购售业务管理的通知》（银发〔2013〕321 号）。

2014 年

3 月 14 日，中国人民银行、财政部、商务部、海关总署、国家税务总局和中国银行业监督管理委员会联合发布《关于简化出口货物贸易人民币结算企业管理有关事项的通知》（银发〔2014〕80 号）。

3 月 19 日，经中国人民银行授权，中国外汇交易中心在银行间外汇市场完善人民币对新西兰元的交易方式，发展人民币对新西兰元的直接交易。

3 月 26 日，中法联合声明宣布给予法国 800 亿元人民币合格境外机构投资者额度。

3 月 28 日，中国人民银行与德意志联邦银行签署了在法兰克福建立人民币清算安排的合作备忘录。

3 月 31 日，中国人民银行与英格兰银行签署了在伦敦建立人民币清算安排的合作备忘录。

4 月 25 日，中国人民银行与新西兰中央银行续签了规模为 250 亿元人民币 /50 亿新西兰元的双边本币互换协议。

6 月 11 日，中国人民银行发布《关于贯彻落实〈国务院办公厅关于支持外贸稳定增长的若干意见〉的指导意见》（银发〔2014〕168 号）。

6 月 17 日，中国人民银行授权中国建设银行（伦敦）有限公司担任伦敦人民币业务清算行。

6 月 18 日，中国人民银行授权中国银行法兰克福分行担任法兰克福人民币业务清算行。

6 月 19 日，经中国人民银行授权，中国外汇交易中心在银行间外汇市场完善人民币对英镑的交易方式，发展人民币对英镑的直接交易。

6 月 28 日，中国人民银行与法兰西银行签署了在巴黎建立人民币清算安排的合作备忘录，与卢森堡中央银行签署了在卢森堡建立人民币清算安排的合作备忘录。

7 月 3 日，中国人民银行与韩国银行签署了在首尔建立人民币清算安排的合作备忘录，给予韩国 800 亿元人民币合格境外机构投资者额度；4 日，授权交通银行首尔分行担任首尔人民币业务清算行。

7 月 7 日，在德国总理默克尔来华访问期间，李克强总理宣布给予德国 800 亿元人民币合格境外机构投资者额度。

7 月 18 日，中国人民银行与阿根廷中央银行续签了规模为 700 亿元人民币 /900 亿阿根廷比索的双边本币互换协议。

7 月 21 日，中国人民银行与瑞士国家银行签署了规模为 1 500 亿元人民币 /210 亿瑞士法郎的双边本币互换协议。

8 月 21 日，中国人民银行与蒙古银行续签了规模为 150 亿元人民币 /4.5 万亿蒙古图格里克的双边本币互换协议。

9 月 5 日，中国人民银行授权中国银行巴黎分行担任巴黎人民币业务清算行，授权中国工商银行卢森堡分行担任卢森堡人民币业务清算行。

9 月 16 日，中国人民银行与斯里兰卡中央银行签署了规模为 100 亿元人民币 / 2 250 亿斯里兰卡卢比的双边本币互换协议。

9 月 28 日，中国人民银行办公厅发布《关于境外机构在境内发行人民币债务融资工具跨境人民币结算有关事宜的通知》(银办发〔2014〕221 号)。

9 月 30 日，经中国人民银行授权，中国外汇交易中心在银行间外汇市场完善人民币对欧元的交易方式，发展人民币对欧元的直接交易。

10 月 11 日，中国人民银行与韩国银行续签了规模为 3 600 亿元人民币 /64 万亿韩元的双边本币互换协议。

10 月 13 日，中国人民银行与俄罗斯联邦中央银行签署了规模为 1 500 亿元人民币 /8 150 亿卢布的双边本币互换协议。

11 月 1 日，中国人民银行发布《关于跨国企业集团开展跨境人民币资金集中运营业务有关事宜的通知》(银发〔2014〕324 号)。

11 月 3 日，中国人民银行与卡塔尔中央银行签署了在多哈建立人民币清算安排的合作备忘录，签署了规模为 350 亿元人民币 /208 亿里亚尔的双边本币互换协议，给予卡塔尔 300 亿元人民币合格境外机构投资者额度；4 日，授权中国工商银行多哈分行担任多哈人民币业务清算行。

11 月 4 日，中国人民银行、中国证券监督管理委员会联合发布《关于沪港股票市场交易互联互通机制试点有关问题的通知》(银发〔2014〕336 号)。

11 月 5 日，中国人民银行发布《关于人民币合格境内机构投资者境外证券投资有关事项的通知》(银发〔2014〕331 号)。

11 月 8 日，中国人民银行与加拿大银行签署了在加拿大建立人民币清算安排的合作备忘录，签署了规模为 2 000 亿元人民币 /300 亿加元的双边本币互换协议，并给予加拿大500亿元人民币合格境外机构投资者额度；9日，授权中国工商银行（加拿大）有限公司担任多伦多人民币业务清算行。

11月10日，中国人民银行与马来西亚国家银行签署了在吉隆坡建立人民币清算安排的合作备忘录。

11月17日，中国人民银行与澳大利亚储备银行签署了在澳大利亚建立人民币清算安排的合作备忘录，给予澳大利亚500亿元人民币合格境外机构投资者额度；18日，授权中国银行悉尼分行担任悉尼人民币业务清算行。

11月22日，中国人民银行与香港金融管理局续签了规模为4 000亿元人民币/5 050亿港元的货币互换协议。

12月14日，中国人民银行与哈萨克斯坦国家银行续签了规模为70亿元人民币/2 000亿哈萨克斯坦坚戈的双边本币互换协议；15日，经中国人民银行批准，中国外汇交易中心正式推出人民币对哈萨克斯坦坚戈银行间区域交易。

12月22日，中国人民银行与泰国银行签署了在泰国建立人民币清算安排的合作备忘录，并续签了规模为700亿元人民币/3 700亿泰铢的双边本币互换协议。

12月23日，中国人民银行与巴基斯坦国家银行续签了规模为100亿元人民币/1 650亿巴基斯坦卢比的双边本币互换协议。

2015年

1月5日，中国人民银行授权中国银行（马来西亚）有限公司担任吉隆坡人民币业务清算行，授权中国工商银行（泰国）有限公司担任曼谷人民币业务清算行。

1月21日，中国人民银行与瑞士国家银行签署合作备忘录，就在瑞士建立人民币清算安排有关事宜达成一致。给予瑞士500亿元人民币合格境外机构投资者额度。

3月18日，中国人民银行与苏里南中央银行签署了规模为10亿元人民币/5.2亿苏里南元的双边本币互换协议。

3月25日，中国人民银行与亚美尼亚中央银行签署了规模为10亿元人民币/770亿亚美尼亚德拉姆的双边本币互换协议。

3月30日，中国人民银行与澳大利亚储备银行续签了规模为2 000亿元人民币/400亿澳大利亚元的双边本币互换协议。

4月10日，中国人民银行与南非储备银行签署了规模为300亿元人民币/540亿南非兰特的双边本币互换协议。

4月17日，中国人民银行与马来西亚国家银行续签了规模为1 800亿元人民币/900亿马来西亚林吉特的双边本币互换协议。

4月29日，人民币合格境外机构投资者试点地区扩大至卢森堡，初始投资额度为500亿元人民币。

5月10日，中国人民银行与白俄罗斯共和国国家银行续签了规模为70亿元人民币/16万亿白俄罗斯卢布的双边本币互换协议。

5月15日，中国人民银行与乌克兰国家银行续签了规模为150亿元人民币/540亿乌克兰格里夫纳的双边本币互换协议。

5月25日，中国人民银行与智利中央银行签署了在智利建立人民币清算安排的合作备忘录，并签署了规模为220亿元人民币/2.2万亿智利比索的双边本币互换协议。给予智利500亿元人民币合格境外机构投资者额度。同日，授权中国建设银行智利分行担任智利人民币业务清算行。

6月1日，中国人民银行发布《关于境外人民币业务清算行、境外参加银行开展银行间债券市场债券回购交易的通知》(银发〔2015〕170号)。

6月11日，中国人民银行发布《人民币国际化报告(2015)》。

6月27日，中国人民银行与匈牙利中央银行签署了在匈牙利建立人民币清算安排的合作备忘录和《中国人民银行代理匈牙利中央银行投资中国银行间债券市场的代理投资协议》，给予匈牙利500亿元人民币合格境外机构投资者额度；28日，授权中国银行匈牙利分行担任匈牙利人民币业务清算行。

7月7日，中国人民银行与南非储备银行签署了在南非建立人民币清算安排的合作备忘录；8日，授权中国银行约翰内斯堡分行担任南非人民币业务清算行。

7月14日，中国人民银行印发《关于境外央行、国际金融组织、主权财富基金运用人民币投资银行间市场有关事宜的通知》(银发〔2015〕220号)，对境外央行类机构简化了入市流程，取消了额度限制，允许其自主选择中国人民银行或银行间市场结算代理人为其代理交易结算，并拓宽其可投资品种。

7月24日，发布中国人民银行公告〔2015〕第19号，明确境内原油期货以人民币为计价货币，引入境外交易者和境外经纪机构参与交易等。

8月11日，中国人民银行发布关于完善人民币兑美元汇率中间价报价的声明。自2015年8月11日起，做市商在每日银行间外汇市场开盘前，参考上日银行间外汇市场的收盘汇率，综合考虑外汇供求情况以及国际主要货币汇率变化向中国外汇交易中心提供中间价报价。

9月3日，中国人民银行与塔吉克斯坦中央银行签署了规模为30亿元人民币/30亿索摩尼的双边本币互换协议。

9月7日，中国人民银行印发《关于进一步便利跨国企业集团开展跨境双向人民币资金池业务的通知》（银发〔2015〕279号）。

9月17日，中国人民银行与阿根廷中央银行签署了在阿根廷建立人民币清算安排的合作备忘录；18日，授权中国工商银行（阿根廷）股份有限公司担任阿根廷人民币业务清算行。

9月21日，中国人民银行批复同意香港上海汇丰银行有限公司和中国银行（香港）有限公司在银行间债券市场发行金融债券，这是国际性商业银行首次获准在银行间债券市场发行人民币债券。

9月26日，中国人民银行与土耳其中央银行续签了规模为120亿元人民币/50亿土耳其里拉的双边本币互换协议。

9月27日，中国人民银行与格鲁吉亚国家银行签署了双边本币互换框架协议。

9月29日，中国人民银行与赞比亚中央银行签署了在赞比亚建立人民币清算安排的合作备忘录；30日，授权赞比亚中国银行担任赞比亚人民币业务清算行。

9月29日，中国人民银行与吉尔吉斯共和国国家银行签署了加强合作的意向协议。

9月30日，中国人民银行公告〔2015〕第31号发布，开放境外央行（货币当局）和其他官方储备管理机构、国际金融组织、主权财富基金依法合规参与中国银行间外汇市场。

10月8日，人民币跨境支付系统（一期）成功上线运行。

10月20日，中国人民银行在伦敦采用簿记建档方式成功发行了50亿元人民币央行票据，期限1年，票面利率3.1%。这是中国人民银行首次在中国以外地区发行以人民币计价的央行票据。

10月20日，中国人民银行与英格兰银行续签了规模为3 500亿元人民币/350亿英镑的双边本币互换协议。

11月2日，为满足境外中央银行、货币当局、其他官方储备管理机构、国际金融组织以及主权财富基金在境内开展相关业务的实际需要，中国人民银行办公厅发布《关于境外中央银行类机构在境内银行业金融机构开立人民币银行结算账户有关事项的通知》（银办发〔2015〕227号）。

11月6日，中国人民银行、国家外汇管理局发布《内地与香港证券投资基金跨境发行销售资金管理操作指引》（中国人民银行　国家外汇管理局公告〔2015〕第36号）。

11月9日，经中国人民银行授权，中国外汇交易中心宣布在银行间外汇市场开展人民币对瑞士法郎直接交易。

11月18日，中欧国际交易所股份有限公司举行成立仪式，并挂牌首批人民币计价和结算的证券现货产品。

11月23日，人民币合格境外机构投资者试点地区扩大至马来西亚，投资额度为500亿元人民币。

11月25日，首批境外央行类机构在中国外汇交易中心完成备案，正式进入中国银行间外汇市场。

11月27日，中国银行间市场交易商协会接受加拿大不列颠哥伦比亚省在中国银行间债券市场发行60亿元人民币主权债券的注册。

11月30日，国际货币基金组织执董会决定将人民币纳入特别提款权（SDR）货币篮子，SDR货币篮子相应扩大至美元、欧元、人民币、日元、英镑5种货币，人民币在SDR货币篮子中的权重为10.92%，新的SDR货币篮子将于2016年10月1日生效。同日，中国人民银行授权中国建设银行苏黎世分行担任瑞士人民币业务清算行。

12月7日，中国银行间市场交易商协会接受韩国政府在中国银行间债券市场发行30亿元人民币主权债券的注册。

12月14日，中国人民银行与阿联酋中央银行续签了规模为350亿元人民币/200亿阿联酋迪拉姆的双边本币互换协议。同日，双方签署了在阿联酋建立人民币清算安排的合作备忘录，并同意将人民币合格境外机构投资者试点地区扩大至阿联酋，投资额度为500亿元人民币。

12月17日，人民币合格境外机构投资者试点地区扩大至泰国，投资额度为500亿元人民币。

2016年

1月20日，中国人民银行办公厅印发《关于调整境外机构人民币银行结算账户资金使用有关事宜的通知》（银办发〔2016〕15号）。

1月22日，中国人民银行印发《关于扩大全口径跨境融资宏观审慎管理试点的通知》（银发〔2016〕18号）。

2月24日，中国人民银行发布2016年第3号公告，便利符合条件的境外机构投资者投资银行间债券市场（中国人民银行公告〔2016〕第3号）。

3月7日，中国人民银行与新加坡金管局续签双边本币互换协议，协议规模为3 000亿元人民币/640亿新加坡元，有效期为3年。

4 月 29 日，中国人民银行印发《关于在全国范围内实施全口径跨境融资宏观审慎管理的通知》（银发〔2016〕132 号）。

5 月 11 日，中国人民银行与摩洛哥中央银行签署双边本币互换协议，协议规模为 100 亿元人民币 /150 亿迪拉姆，有效期为 3 年。

6 月 7 日，中国人民银行与美国联邦储备委员会签署了在美国建立人民币清算安排的合作备忘录，并给予美国 2 500 亿元人民币合格境外机构投资者额度。

6 月 17 日，中国人民银行与塞尔维亚中央银行签署双边本币互换协议，协议规模为 15 亿元人民币 /270 亿塞尔维亚第纳尔，有效期为 3 年。

6 月 20 日，经中国人民银行授权，中国外汇交易中心在银行间外汇市场完善人民币对南非兰特的交易方式，发展人民币对南非兰特直接交易。

6 月 25 日，中国人民银行与俄罗斯中央银行签署了在俄罗斯建立人民币清算安排的合作备忘录。

6 月 27 日，经中国人民银行授权，中国外汇交易中心在银行间外汇市场完善人民币对韩元的交易方式，发展人民币对韩元直接交易。

7 月 11 日，中国银行（香港）有限公司以直接参与者身份接入人民币跨境支付系统（CIPS），这是 CIPS 的首家境外直接参与者；同日，中信银行、上海银行、广东发展银行、江苏银行、三菱东京日联银行（中国）有限公司、瑞穗银行（中国）有限公司、恒生银行（中国）有限公司等以直接参与者身份接入 CIPS，CIPS 直接参与者数量增加至 27 家。

8 月 10 日，中国人民银行办公厅印发《关于波兰共和国在银行间债券市场发行人民币债券有关事项的批复》，同意受理波兰共和国在银行间债券市场发行人民币债券的注册申请（银办函〔2016〕378 号）。

8 月 30 日，中国人民银行、国家外汇管理局联合发布《关于人民币合格境外机构投资者境内证券投资管理有关问题的通知》（银发〔2016〕227 号）。

9 月 12 日，中国人民银行与匈牙利央行续签双边本币互换协议，协议规模为 100 亿元人民币 /4 160 亿匈牙利福林，有效期为 3 年。

9 月 20 日，中国人民银行发布 2016 年第 23 号公告，授权中国银行纽约分行担任美国人民币业务清算行（中国人民银行公告〔2016〕第 23 号）。

9 月 23 日，中国人民银行发布 2016 年第 24 号公告，授权中国工商银行（莫斯科）股份有限公司担任俄罗斯人民币业务清算行（中国人民银行公告〔2016〕第 24 号）。

9 月 26 日，经中国人民银行授权，中国外汇交易中心开始在银行间外汇市场开展人民币对沙特里亚尔直接交易。

9 月 26 日，经中国人民银行授权，中国外汇交易中心开始在银行间外汇市场开展人民币对阿联酋迪拉姆直接交易。

9 月 27 日，中国人民银行与欧洲中央银行签署补充协议，决定将双边本币互换协议有效期延长 3 年至 2019 年 10 月 8 日。互换规模仍为 3 500 亿元人民币 /450 亿欧元。

11 月 4 日，中国人民银行、中国证券监督管理委员会联合发布《关于内地与香港股票市场交易互联互通机制有关问题的通知》(银发〔2016〕282 号)。12 月 5 日，正式启动深港通。

11 月 14 日，经中国人民银行授权，中国外汇交易中心在银行间外汇市场完善人民币对加拿大元的交易方式，开展人民币对加拿大元直接交易。

11 月 29 日，中国人民银行印发《中国人民银行关于进一步明确境内企业境外放款业务有关事项的通知》(银发〔2016〕306 号)。

12 月 6 日，中国人民银行与埃及中央银行签署双边本币互换协议，协议规模为 180 亿元人民币 /470 亿埃及镑，有效期为 3 年。

12 月 9 日，中国人民银行发布 2016 年第 30 号公告，授权中国农业银行迪拜分行担任阿联酋人民币业务清算行（中国人民银行公告〔2016〕第 30 号)。

12 月 12 日，经中国人民银行授权，中国外汇交易中心开始在银行间外汇市场开展人民币对墨西哥比索直接交易。

12 月 12 日，经中国人民银行授权，中国外汇交易中心开始在银行间外汇市场开展人民币对土耳其里拉直接交易。

12 月 12 日，经中国人民银行授权，中国外汇交易中心开始在银行间外汇市场开展人民币对波兰兹罗提直接交易。

12 月 12 日，经中国人民银行授权，中国外汇交易中心开始在银行间外汇市场开展人民币对丹麦克朗直接交易。

12 月 12 日，经中国人民银行授权，中国外汇交易中心开始在银行间外汇市场开展人民币对匈牙利福林直接交易。

12 月 12 日，经中国人民银行授权，中国外汇交易中心开始在银行间外汇市场开展人民币对挪威克朗直接交易。

12 月 12 日，经中国人民银行授权，中国外汇交易中心开始在银行间外汇市场开展人民币对瑞典克朗直接交易。

12 月 21 日，中国人民银行与冰岛央行续签双边本币互换协议，协议规模为 35 亿元人民币 /660 亿冰岛克朗，有效期为 3 年。

12月26日，中国人民银行办公厅印发《中国人民银行办公厅关于境外机构境内发行人民币债券跨境人民币结算业务有关事宜的通知》（银办发〔2016〕258号）。

2017年

1月13日，中国人民银行发布《关于全口径跨境融资宏观审慎管理有关事宜的通知》（银发〔2017〕9号）。

3月20日，中国人民银行与中国银行纽约分行签署《关于人民币业务的清算协议》。

3月20日，中国人民银行与中国工商银行（莫斯科）股份有限公司签署《关于人民币业务的清算协议》。

3月20日，中国人民银行与中国农业银行迪拜分行签署《关于人民币业务的清算协议》。

5月19日，中国人民银行与新西兰央行续签双边本币互换协议，协议规模为250亿元人民币/50亿新西兰元，有效期为3年。

5月23日，中国人民银行发布《关于印发〈人民币跨境收付信息管理系统管理办法〉的通知》（银发〔2017〕126号）。

5月27日，中国人民银行办公厅发布《关于完善人民币跨境收付信息管理系统银行间业务数据报送流程的通知》（银办发〔2017〕118号）。

6月29日，中国人民银行与中国银行（香港）有限公司续签《关于人民币业务的清算协议》。

7月4日，经国务院批准，香港人民币合格境外机构投资者额度扩大至5 000亿元人民币。

7月6日，中国人民银行与蒙古国中央银行续签双边本币互换协议，协议规模为150亿元人民币/5.4万亿蒙古国图格里克，有效期为3年。

7月18日，中国人民银行与阿根廷央行续签双边本币互换协议，规模为700亿元人民币/1 750亿阿根廷比索，有效期为3年。

7月21日，中国人民银行与瑞士中央银行续签双边本币互换协议，协议规模为1 500亿元人民币/210亿瑞士法郎，有效期为3年。

8月11日，经中国人民银行授权，中国外汇交易中心开展人民币对蒙古图格里克银行间市场区域交易。

9月13日，经中国人民银行授权，中国外汇交易中心开展人民币对柬埔寨瑞尔银行间市场区域交易。

9 月 21 日，中国人民银行与中国银行澳门分行续签《关于人民币业务的清算协议》。

10 月 11 日，中国人民银行与韩国央行续签双边本币互换协议，协议规模为 3 600 亿元人民币 /64 万亿韩元，有效期为 3 年。

11 月 2 日，中国人民银行与卡塔尔央行续签双边本币互换协议，协议规模为 350 亿元人民币 /208 亿里亚尔，有效期为 3 年。

11 月 8 日，中国人民银行与加拿大央行续签双边本币互换协议，协议规模为 2 000 亿元人民币 /300 亿加拿大元，有效期为 3 年。

11 月 22 日，中国人民银行与香港金管局续签双边本币互换协议，协议规模为 4 000 亿元人民币 /4 700 亿港元，有效期为 3 年。

11 月 22 日，中国人民银行与俄罗斯央行续签双边本币互换协议，协议规模为 1 500 亿元人民币 /13 250 亿卢布，有效期为 3 年。

12 月 22 日，中国人民银行与泰国央行续签双边本币互换协议，协议规模为 700 亿元人民币 /3 700 亿泰铢，有效期为 3 年。

2018 年

1 月 4 日，中国人民银行与中国银行台北分行续签《关于人民币业务的清算协议》。

1 月 5 日，中国人民银行印发《关于进一步完善人民币跨境业务政策促进贸易投资便利化的通知》(银发〔2018〕3 号)，明确凡依法可使用外汇结算的跨境交易，企业都可以使用人民币结算。

1 月 5 日，中国外汇交易中心发布《关于境外银行参与银行间外汇市场区域交易有关事项的公告》，同意符合条件的境外银行参与银行间外汇市场区域交易。

2 月 9 日，中国人民银行授权美国摩根大通银行担任美国人民币业务清算行。

3 月 26 日，人民币跨境支付系统二期投产试运行。

3 月 26 日，以人民币计价结算的原油期货在上海国际能源交易中心挂牌交易。

3 月 30 日，中国人民银行与澳大利亚中央银行续签规模为 2 000 亿元人民币 /400 亿澳大利亚元的双边本币互换协议。

4 月 3 日，中国人民银行与阿尔巴尼亚中央银行续签规模为 20 亿元人民币 /342 亿阿尔巴尼亚列克的双边本币互换协议。

4 月 11 日，中国人民银行与南非中央银行续签规模为 300 亿元人民币 /540 亿南非兰特的双边本币互换协议。

4 月 20 日，为进一步规范人民币合格境内机构投资者境外证券投资活动，中国人民银行办公厅印发《关于进一步明确人民币合格境内机构投资者境外证券投资管理有关事项的通知》（银办发〔2018〕81 号）。

4 月 27 日，中国人民银行与尼日利亚中央银行签署规模为 150 亿元人民币 /7 200 亿奈拉的双边本币互换协议。

5 月 1 日，将“沪股通”及“深股通”每日额度扩大四倍，北上每日额度从 130 亿元调整为 520 亿元，南下每日额度从 105 亿元调整为 420 亿元。

5 月 2 日，人民币跨境支付系统二期全面投产，符合要求的直接参与者同步上线。

5 月 4 日，以人民币计价的大连商品交易所铁矿石期货正式引入境外交易者。

5 月 9 日，人民币合格境外机构投资者试点地区扩大至日本，投资额度为 2 000 亿元。

5 月 10 日，中国人民银行与白俄罗斯中央银行续签规模为 70 亿元人民币 /22.2 亿白俄罗斯卢布的双边本币互换协议。

5 月 16 日，为进一步完善跨境资金流动管理，推进金融市场开放，中国人民银行办公厅印发《关于进一步完善跨境资金流动管理，支持金融市场开放有关事宜的通知》（银办发〔2018〕96 号）。

5 月 23 日，中国人民银行与巴基斯坦中央银行续签规模为 200 亿元人民币 /3 510 亿巴基斯坦卢比的双边本币互换协议。

5 月 25 日，中国人民银行与智利中央银行续签规模为 220 亿元人民币 /22 000 亿智利比索的双边本币互换协议。

5 月 28 日，中国人民银行与哈萨克斯坦中央银行续签规模为 70 亿元人民币 /3 500 亿哈萨克斯坦坚戈的双边本币互换协议。

6 月 1 日，中国 A 股股票正式纳入明晟（MSCI）新兴市场指数和全球基准指数，有利于吸引境外投资者配置人民币股票资产。

6 月 11 日，为规范人民币合格境外机构投资者境内证券投资管理，中国人民银行、国家外汇管理局发布《关于人民币合格境外机构投资者境内证券投资管理有关问题的通知》（银发〔2018〕157 号）。

6 月 13 日，为进一步完善人民币购售业务管理，人民银行发布《关于完善人民币购售业务管理有关问题的通知》（银发〔2018〕159 号），开放了证券投资项下跨境人民币购售业务。

8 月 20 日，中国人民银行与马来西亚中央银行续签规模为 1 800 亿元人民币 /1 100 亿马来西亚林吉特的双边本币互换协议。

9 月 3 日，中国外汇交易中心正式引入中国工商银行（阿拉木图）股份公司与工银标准银行公众有限公司参与银行间外汇市场人民币对坚戈区域交易，并决定延长人民币对坚戈区域交易时间，由 10:30 ～ 16:30 调整为 10:30 ～ 19:00。

9 月 8 日，为促进全国银行间债券市场对外开放、规范境外机构债券发行、保护债券市场投资者合法权益，人民银行和财政部联合下发《全国银行间债券市场境外机构债券发行管理暂行办法》（中国人民银行　财政部公告〔2018〕第 16 号）。

10 月 13 日，中国人民银行与英格兰银行续签规模为 3 500 亿元人民币 /400 亿英镑的双边本币互换协议。

10 月 22 日，中国人民银行与日本银行签署了在日本建立人民币清算安排的合作备忘录；26 日，授权中国银行东京分行担任日本人民币业务清算行。

10 月 26 日，中国人民银行与日本银行签署规模为 2 000 亿元人民币 /34 000 亿日元的双边本币互换协议。

11 月 16 日，中国人民银行与印度尼西亚中央银行续签规模为 2 000 亿元人民币 /440 万亿印尼卢比的双边本币互换协议。

11 月 20 日，中国人民银行与菲律宾中央银行签署了在菲律宾建立人民币清算安排的合作备忘录。

11 月 30 日，以人民币计价的精对苯二甲酸期货正式引入境外交易者。

12 月 10 日，中国人民银行与乌克兰中央银行续签规模为 150 亿元人民币 /620 亿乌克兰格里夫纳的双边本币互换协议。

2019 年

1 月 31 日，彭博公司正式确认将于 2019 年 4 月起将中国债券纳入彭博巴克莱债券指数。

2 月 11 日，中国人民银行与苏里南中央银行续签规模为 10 亿元人民币 /11 亿苏里南元的双边本币互换协议。

2 月 28 日，明晟（MSCI）宣布，大幅提升 A 股在其全球指数中的权重，分三阶段将纳入因子由 5% 增加至 20%。

5 月 10 日，中国人民银行与新加坡金融管理局续签规模为 3 000 亿元人民币 /610 亿新加坡元的双边本币互换协议。

5 月 30 日，中国人民银行与土耳其中央银行续签规模为 120 亿元人民币 /109 亿土耳其里拉的双边本币互换协议。

5 月 30 日，中国人民银行发布 2019 年第 11 号公告，授权日本三菱日联银行担任日本人民币业务清算行（中国人民银行公告〔2019〕11号）。

6月5日，人民币合格境外机构投资者试点地区扩大至荷兰，投资额度为500亿元人民币。

8月23日，中国人民银行发布《2019年人民币国际化报告》。

8月27日，在哈尔滨市召开2019年人民币在周边国家和地区使用座谈会，研究部署进一步深化扩大周边国家和地区人民币跨境使用相关工作。

9月10日，国家外汇管理局公告取消合格境外机构投资者（QFII）和人民币合格境外机构投资者投资额度限制。

9月12日，中国人民银行发布2019年第18号公告，授权中国银行马尼拉分行担任菲律宾人民币业务清算行（中国人民银行公告〔2019〕18号）。

10月8日，中国人民银行与欧洲中央银行续签规模为3 500亿元人民币/450亿欧元的双边本币互换协议。

10月15日，中国人民银行与国家外汇管理局联合发布《关于进一步便利境外机构投资者投资银行间债券市场有关事项的通知》（银发〔2019〕240号）。

12月5日，中国人民银行与澳门金融管理局签署规模为300亿元人民币/350亿澳门元的双边本币互换协议。

12月10日，中国人民银行与匈牙利中央银行续签规模为200亿元人民币/8 640亿匈牙利福林的双边本币互换协议。

12月18日，中国人民银行发布2019年第29号公告，进一步便利澳门个人人民币跨境汇款业务（中国人民银行公告〔2019〕29号）。

12月20日，中国人民银行召开人民币国际化工作座谈会。

12月21日，中国金融学会跨境人民币业务专业委员会成立。

2020年

1月6日，中国人民银行与老挝中央银行签署双边本币合作协议，允许在两国已经放开的所有经常和资本项下交易中直接使用本币结算。

后　记

为更好地研究人民币国际化发展，从 2015 年开始，人民银行宏观审慎管理局（原货币政策二司）组织人员对人民币国际化的发展情况编写并出版年度中英文双语报告，供国内外市场参与者和研究人士参考。报告涉及面广，涵盖人民币国际使用的各方面表现、相关政策及改革进展、全球主要经济体相关情况、趋势展望等主要内容，数据翔实并附有重要内容专栏介绍。

《2020 年人民币国际化报告》由人民银行宏观审慎管理局会同货币政策司、支付结算司、货币金银局、中国外汇交易中心，以及人民银行天津分行、武汉分行、成都分行、重庆营管部、南宁中心支行、海口中心支行跨境人民币业务相关工作人员共同撰写和翻译完成。其间，得到中国银行、中国农业银行、中国工商银行、中国建设银行、交通银行及中国金融出版社相关工作人员的大力支持。在此，对所有关心和支持本报告出版的人士表示衷心感谢。

由于水平有限，本报告的编辑和翻译难免有不当之处，恳请读者批评指正。

编　者

二〇二〇年八月

KEY ABBREVIATIONS

B&R	The Belt and Road
BBGA	Bloomberg Barclays Global Aggregate Index
BIS	Bank for International Settlements
BMI	Broad Market Index
CDs	Certificates of Deposits
CFETS	China Foreign Exchange Trade System
CIBM	China's Interbank Bond Market
CIPS	Cross-border Interbank Payment System
CMU	Central Moneymarkets Unit
COFER	Currency Composition of Official Foreign Exchange Reserves
ETF	Exchange Trade Fund
FAB	First Abu Dhabi Bank
FTSE	Financial Times Stock Exchange Group
FX	Foreign Exchange
HIBOR	Hong Kong Interbank Offered Rate
HKEX	Hong Kong Exchange and Clearing
HKMA	Hong Kong Monetary Authority
IMF	International Monetary Fund
MOU	Memorandum of Understanding
MSCI	Morgan Stanley Capital International
NDFs	Non-Deliverable Forwards
NEER	Nominal Effective Exchange Rate
ODI	Outward Direct Investment
OTC	Over-the-Counter
PBC	People's Bank of China
PTA	Pure Terephthalic Acid
QFII	Qualified Foreign Institutional Investors
REER	Real Effective Exchange Rate

REITs	Real Estate Investment Trusts
RMB	Renminbi
RQDII	Renminbi Qualified Domestic Institutional Investors
RQFII	Renminbi Qualified Foreign Institutional Investors
RTGS	Real Time Gross Settlement
SAFE	State Administration of Foreign Exchange
SAR	Special Administrative Region
SDR	Special Drawing Right
SGX	Singapore Exchange
SHIBOR	Shanghai Interbank Offered Rate
SWIFT	Society for Worldwide Interbank Financial Telecommunication
TSR	Technically Specified Rubber
UAE	United Arab Emirates

PART ONE

Executive Summary

The Renminbi (RMB) internationalization was further developed as RMB was increasingly used in cross-border payment and financing worldwide in 2019. More foreign central banks held RMB-denominated assets as reserves, while RMB as an invoicing currency witnessed remarkable progress and played a positive role in the international monetary system.

In 2019, the cross-border use of RMB grew rapidly despite of severe external circumstances. The total amount of cross-border RMB payments and receipts by banks on behalf of their clients in 2019 was RMB 19.67 trillion yuan, with a year-on-year(yoy) increase of 24.1%, maintaining a rapid growth and reaching a record high in terms of volume. The cross-border receipts and payments were basically balanced, with a net inflow of RMB 360.6 billion yuan. The size of the RMB reserves was the 5th largest in the International Monetary Fund (IMF)'s Currency Composition of the Official Foreign Exchange Reserves (COFER), with a market share of 1.95%, 0.88 percentage point higher than that of 2016 when RMB officially joined the Special Drawing Right (SDR) currency basket. The market share of RMB in the foreign exchange trading was 4.3%, 0.3 percentage point higher than that of 2016. According to the latest statistics, RMB ranked 5th as a payment currency globally, with a market share of 1.76%.

In 2019, the RMB internationalization development presented the following characteristics. Firstly, the RMB settlement in terms of cross-border trade and direct investment increased steadily despite of economic slowdown; secondly, the portfolio investment grew substantially which had become the main force to promote the cross-border use of RMB; thirdly, the policies of the RMB cross-border payment improved constantly and a series of high-level pilot programs were launched successively to facilitate the trade and investment; fourthly, the infrastructure of the cross-border use of RMB was further improved and the RMB clearing banks continued to expand, with the RMB Cross-border Interbank Payment System (CIPS) becoming the main channel of the cross-border RMB clearing and settlement; fifthly, the bilateral currency cooperation deepened continuously, with the barriers on the use of RMB abroad gradually removed.

PART TWO

The International Use of RMB in 2019

In 2019, the economic and financial situations at home and abroad were complicated and volatile. Capital outflow was under pressure and the RMB exchange rate fluctuated in both directions. Under this backdrop, the RMB cross-border settlement maintained a relatively rapid growth, with the share of the cross-border RMB settlement in total cross-border settlement reaching a record high. The cross-border receipts and payments were basically balanced with a small net inflow.

The main features of the international use of RMB in 2019 were as follows. Firstly, the amount of current account settlement climbed yoy, the settlement in goods trade demonstrated net inflows in contrast to net outflows last year, and the settlement of the service trade increased significantly, while the net outflows of the service trade and proceeds remittance increased. Secondly, the opening-up of financial markets was comprehensive. The share of capital account settlement in the total cross-border RMB transactions continued to increase, among which the portfolio investments increased significantly, and the investments channeled to China's Interbank Bond Market (CIBM) gained the highest net inflow. Thirdly, the flexibility of the RMB exchange rate was strengthened significantly. Based on the market supply and demand, the exchange rate of RMB experienced both depreciation and appreciation, floating in both directions, and kept basically stable at a reasonable and equilibrium level.

I. The Cross-border Use of RMB

Remarkably in 2019, the cross-border RMB settlement amounted to RMB 19.67 trillion yuan, increasing by 24.1% on a yearly basis. The total receipts reached RMB 10.02 trillion yuan, with a notable increase of 25.1% yoy while the total payments were RMB 9.65 trillion yuan, growing by 23% on a yearly basis. Furthermore, with a receipt to payment ratio of 1∶0.96, the cross-border RMB settlement demonstrated a net inflow of RMB 360.6 billion yuan in contrast with a net inflow of RMB 154.4 billion yuan in 2018. The cross-border RMB settlement accounted for 38.1% of the total cross-border settlement, recording a new height in history during the same period, with 5.5

percentage points higher than that of 2018.

Figure 2-1 The Monthly RMB Settlement during 2018-2019

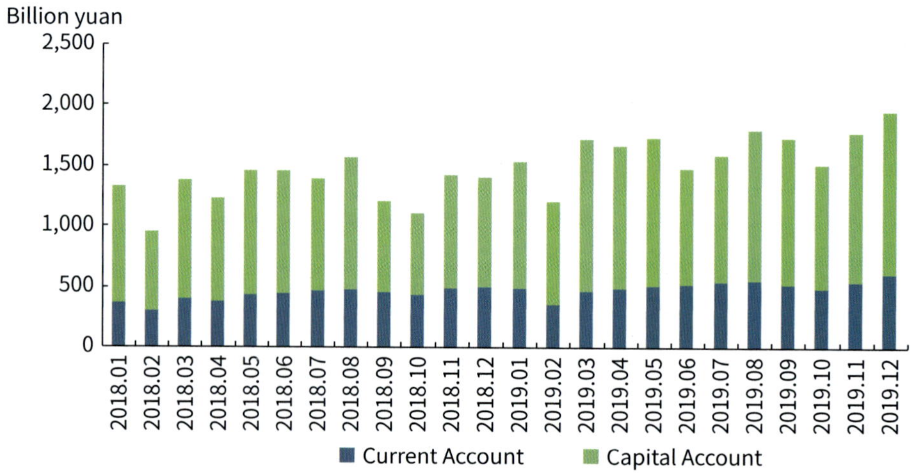

Source: the People's Bank of China (PBC).

Figure 2-2 The RMB Cross-border Receipts and Payments during 2010-2019

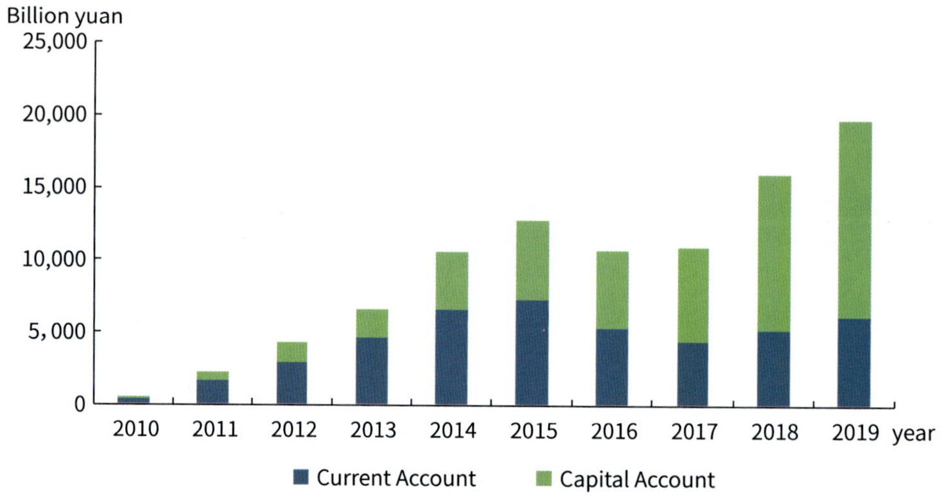

Source: PBC.

In 2019, Shanghai, Beijing and Shenzhen ranked the top 3 in terms of the annual cross-border RMB settlement volume, with a share of 50.1%, 14.3% and 8.6% correspondingly. Nationwide 7 regions enjoyed a cross-border RMB settlement volume over RMB 200 billion yuan. Meanwhile, the 8 border provinces (autonomous regions included) reached an aggregate amount of RMB 483.3 billion yuan, up 2.5% yoy.

Table 2-1 The Cross-border RMB Settlement by Province in 2019

Unit: billion yuan, %

Ranking	Region	Current account	Capital and financial account	Total	Share (%)
1	Shanghai	1,353.22	8,504.45	9,857.67	50.1
2	Beijing	701.09	2,113.22	2,814.31	14.3
3	Shenzhen	915.96	769.55	1,685.51	8.6
4	Guangdong	967.27	609.16	1,576.43	8.0
5	Jiangsu	463.38	270.39	733.77	3.7
6	Zhejiang	405.19	280.48	685.67	3.5
7	Shandong	143.76	135.75	279.51	1.4
8	Others	1,087.58	949.77	2,037.35	10.4
9	Total	6,037.45	13,632.77	19,670.22	100.0

Source: PBC.

In 2019, the proportion of the cross-border RMB settlement with Hong Kong SAR of China was 44.9%, followed by Singapore(10.3%), Germany(3.4%), and Taiwan province of China(3.3%). Among them, the shares of Hong Kong SAR of China, Singapore, Macao SAR of China, the UK, Netherlands and Ireland witnessed an increase compared with 2018.

Figure 2-3 Distribution of the Cross-border RMB Receipts and Payments by Country and Region in 2019

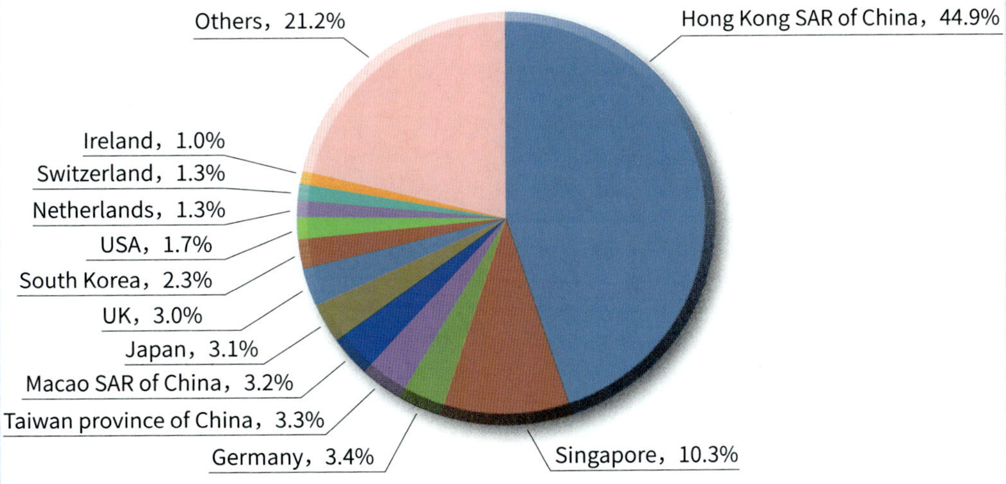

Source: PBC.

In 2019, between China and the countries along the Belt and Road (B&R), the cross-border RMB settlement registered over RMB 2.73 trillion yuan, accounting for 13.9% of the total during the same period, among which the trade in goods amounted to RMB 732.5 billion yuan, the direct investment to RMB 252.4 billion yuan, and the cross-border financing to RMB 213.5 billion yuan. By the end of 2019, China has signed the bilateral local currency swap agreements with 21 countries along B&R, and has established the RMB clearing arrangements in 8 countries along the route.

Box 1 The Use of the RMB in Neighboring Countries and the Countries along B&R

In recent years, spurred by the market demand, the use of RMB has acquired active progress in neighboring countries and the countries along B&R. In 2019, the cross-border RMB settlement between China and the neighboring countries registered RMB 3.6 trillion yuan, with a yoy increase of 18.5%, among which the trade in goods amounted to RMB 994.5 billion yuan, increasing 15% yoy; the direct investment amounted to RMB 351.2 billion yuan, increasing 24% on a yearly basis. Furthermore, the total cross-border RMB payments and receipts between China and the countries along B&R reached over RMB 2.73 trillion yuan, with a yoy increase of 32%, among which the trade in goods amounted to RMB 732.5 billion yuan, growing by 19% yoy; the direct investment to RMB 252.4 billion yuan, growing by 12.5% yoy. RMB has been directly traded with 9 currencies of neighboring countries and the countries along B&R, including Malaysian Ringgit, Singapore Dollar, Thai Baht, etc. In addition, RMB has been traded regionally with 3 currencies, such as Cambodian Riel.

The opening-up of China's financial market has provided diversified types of investment and financing channels for investors in neighboring countries and the countries along B&R. Those investors could access China's financial market through multiple investment channels, including the Renminbi Qualified Foreign Institutional Investors (RQFII), Shanghai-Hong Kong Stock Connect and Shenzhen-Hong Kong Stock Connect, direct investment, the Bond Connect, etc. Domestic institutional investors can also invest in the RMB-denominated financial products in the financial markets of neighboring countries and the countries along B&R via RQDII. In 2019, the Panda Bonds issued by such foreign institutions of neighboring countries and the countries along B&R (e.g. the Philippine government, Portuguese government, the New Development Bank and Cassa

Depositi e Prestiti) reached over RMB 40 billion yuan, accounting for 68% of the total in 2019. An increasing number of investors in neighboring countries and the countries along B&R invested in China's financial market in a bid to gain high returns on investments in the RMB financial assets, and shared the benefits of China's economic growth.

The bilateral currency and financial cooperation between China and neighboring countries and the countries along B&R was constantly deepened. Since 2008, China has signed the bilateral local currency settlement agreements with 9 neighboring countries and the countries along B&R such as Vietnam, Laos, Russia and Kazakhstan, and has signed the bilateral local currency swap agreements with the central banks or monetary authorities of 23 neighboring countries and the countries along B&R such as Russia, Indonesia, the United Arab Emirates (the UAE), Egypt and Turkey. Along with the RMB's inclusion into the SDR, RMB asset has become an option of diversification of foreign exchange reserves for neighboring countries and the countries along B&R gradually. The foreign central banks or monetary authorities of such countries as Korea, Singapore, Thailand, the Philippines and Indonesia have already included the RMB in their foreign exchange reserves.

With further development of economic and trade exchanges between China and neighboring countries and the countries along B&R, the interdependence of China and neighboring countries as well as the countries along B&R has deepened. The RMB settlement and local currency settlement of neighboring countries and the countries along B&R will embrace new opportunities.

II. Current Account

In 2019, the total amount of the cross-border RMB settlement under the current account was RMB 6.04 trillion yuan with a yoy increase of 18.2%, among which the receipts amounted to RMB 2.66 trillion yuan, increasing 28.6% yoy; payments amounted to RMB 3.38 trillion yuan, increasing 10.8% on a yearly basis; the net payments amounted to 0.72 trillion yuan, decreasing 26.3% yoy. It accounted for 16.1% of the total cross-border settlement under the current account, 2.1 percentage points higher compared with 2018.

Figure 2-4 The Monthly RMB Settlement under the Current Account

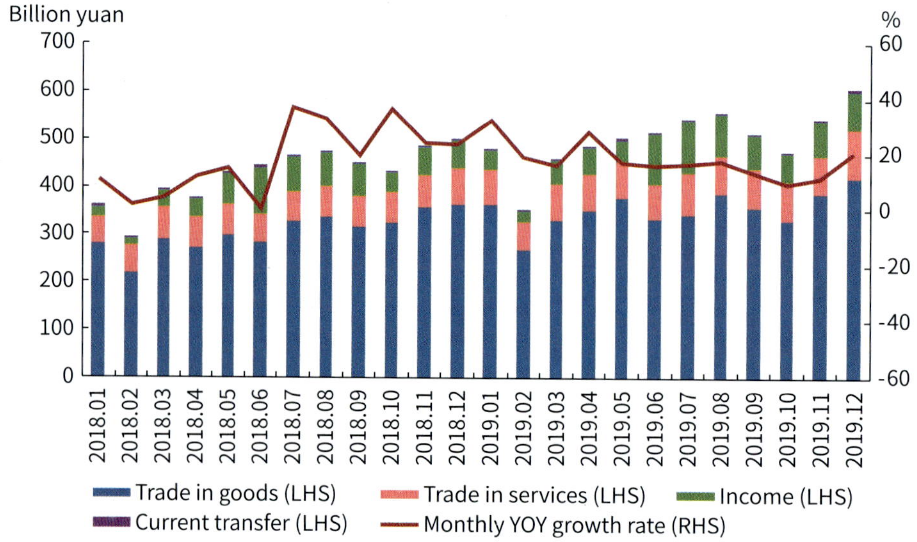

Source: PBC.

Figure 2-5 The Share of the RMB Settlement under the Current Account in the Total Cross-border Settlement

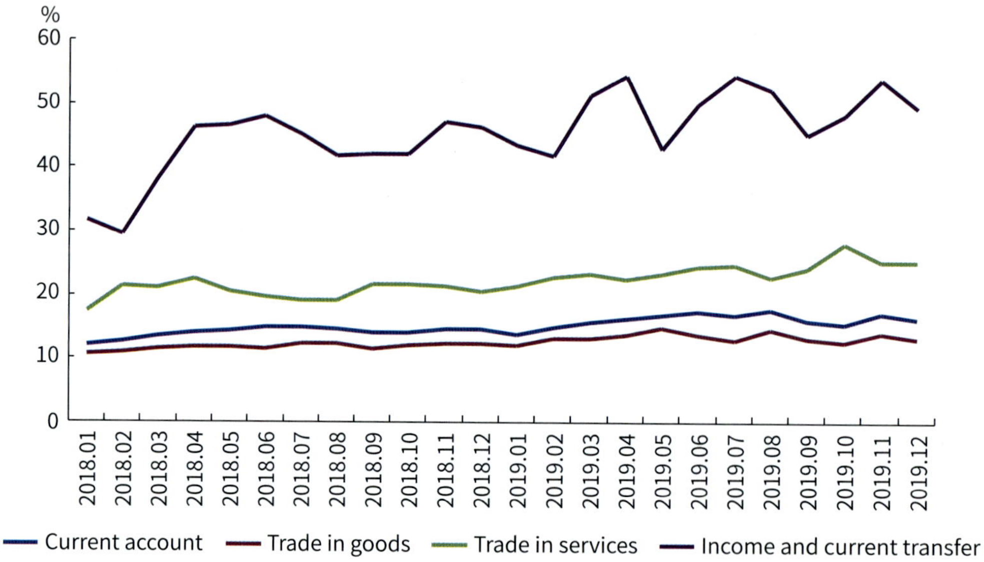

Source: PBC.

1. Trade in Goods

In 2019, the total amount of the cross-border RMB settlement of the trade in goods reached RMB 4.24 trillion yuan, increasing 16% yoy with a share of 13.4% of the total cross-border settlement under goods trade, 1.7 percentage points higher than that in 2018. The RMB funds under the trade in goods showed a net inflow of RMB 46.9 billion yuan in contrast with a net outflow of RMB 396.2 billion yuan in 2018. Among them, the cross-border RMB settlement under the general trade totaled RMB 2.66 trillion yuan, increasing 20.2% yoy, and that of the imported materials processing trade totaled RMB 746.88 billion yuan, increasing 19.6% yoy.

2. Trade in Services

In 2019, the cross-border RMB settlement of the trade in services summed up to RMB 951.5 billion yuan, increasing 23.8% yoy and accounting for 23.8% of total cross-border settlement during the same period, increasing 3.4% yoy. The net outflow of the RMB funds under the trade in services was RMB 163.1 billion yuan, growing by 74.9% yoy. Service trade settled in RMB was relatively concentrated, covering travel-related payments, tuition fees, computer services fees, etc.

3. Income and Current Transfer

In 2019, the income payments settled in RMB totaled RMB 804.8 billion yuan, increasing 23.5% yoy, while that under the current transfer aggregated RMB 37.2 billion yuan, increasing 26.6% yoy. Under the income and current transfer, the share of the cross-border RMB settlement accounted for 49.8%, increasing 6.4% yoy. The net outflow of income transfer hit RMB 638.8 billion yuan, increaing 24.1% yoy, while the net inflow of the RMB settlement under current transfer was RMB 24 billion yuan, decreasing 1.6% yoy.

Box 2 More Foreign Trade Enterprises Choosing the RMB in Cross-border Settlement

According to the questionnaires of the PBC on foreign trade enterprises①, since 2019, the foreign trade enterprises have been highly motivated to participate in cross-border RMB businesses. By the end of 2019, 84.6% of those enterprises have chosen RMB as their major currency in cross-border settlement.

As for the types of the enterprises, foreign-invested enterprises and Hong Kong-, Macao-, Taiwan-invested enterprises have the highest proportion of cross-border RMB settlement, reaching 88% and 89% respectively. Large-scale enterprises were more inclined to use the RMB for the settlement on the cross-border trades and investments with a proportion of 89%.

Figure 2-6 Types of Enterprises Conducting the Cross-border RMB Settlement

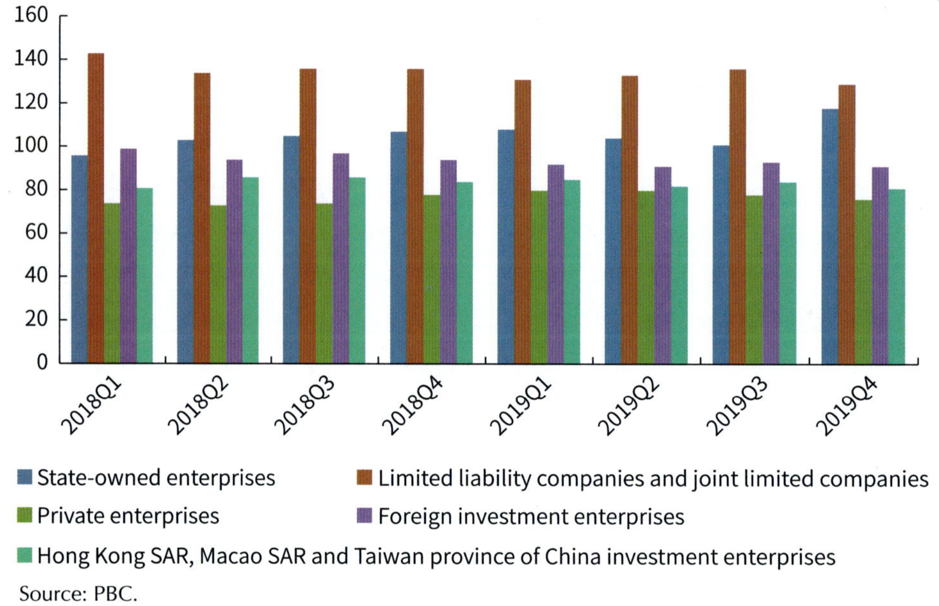

Source: PBC.

① Since 2018, the People's Bank of China (PBC) has carried out nationwide questionnaires on the cross-border use of the RMB. The enterprises surveyed 500 enterprises from 31 provinces (autonomous regions included) all over the country, involved in 16 industries such as agriculture, forestry, animal husbandry, fishery, mining, and manufacturing, as well as 5 economic types such as the state-owned, private and foreign invested enterprises.

Due to the influence of Sino-US trade frictions and other external factors, since 2019, the volatility of the RMB exchange rate has deteriorated. For reasons driving enterprises to use the RMB, a proportion of 64.7% enterprises chose the cross-border RMB businesses to mitigate foreign exchange risk. Besides, streamlining the settlement process, reducing settlement costs and facilitating financial accounting and funds management for enterprises were also the main reasons for enterprises to conduct the cross-border RMB businesses with the proportion of 43.2%, 36.8% and 32% respectively.

The survey demonstrated that the foreign-related enterprises expected the policymaker to maintain stability and continuity of the policies on the cross-border RMB settlement, accelerate the opening-up of the capital market, further update the infrastructure for the RMB internationalization, optimize the cross-border RMB business processes, and enhance the policy publicity and training.

Figure 2-7 Driving Factors for Enterprises to Choose the Cross-border RMB Settlement

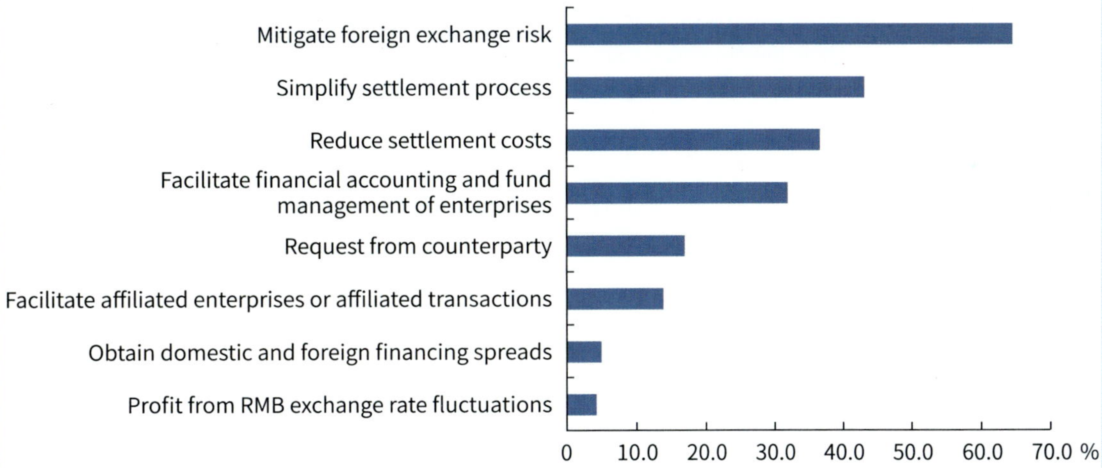

Source: PBC.

III. Capital Account

In 2019, the cross-border RMB settlement under the capital account totaled RMB 13.62 trillion yuan with a yoy increase of 26.7%, of which receipts and payments stood at RMB 7.35 trillion yuan and RMB 6.27 trillion yuan respectively. The direct investments, securities investments and cross-border funding accounted respectively for 20%, 70% and 7% of the total settlement under the capital accounts.

Figure 2-8 The Cross-border RMB Settlement under the Capital Accounts during 2018-2019

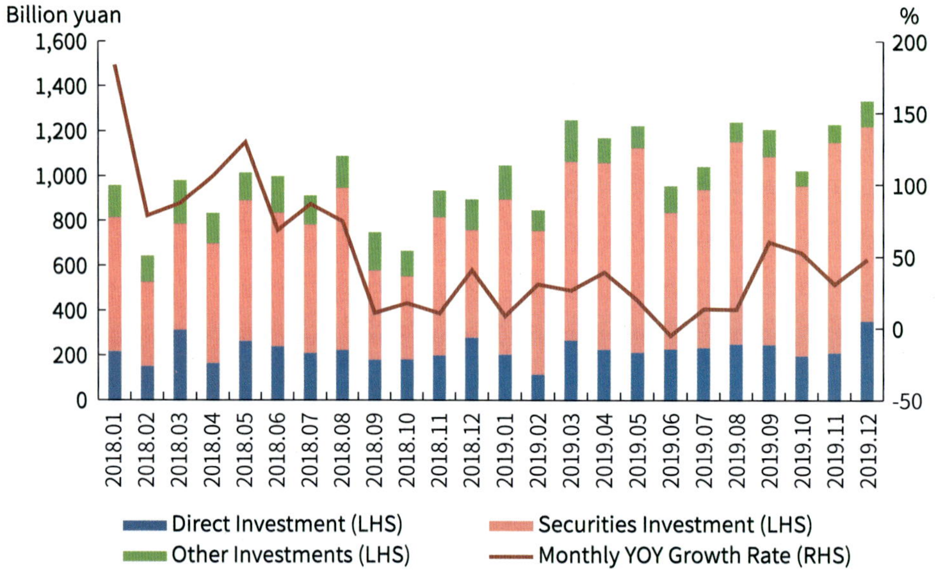

Source: PBC.

1. Direct Investment

In 2019, the cross-border RMB settlement under the direct investment item totaled RMB 2.78 trillion yuan, up 4.5% yoy, while net inflows totaled 244.8 billion yuan, decreasing 0.6% yoy. The amount of the RMB settlement in the Outward Direct Investment (ODI) transactions stood at RMB 755.5 billion yuan, decreasing 6.1% yoy. In 2019, the amount of RMB settlement in the Foreign Direct Investment (FDI) transactions hit RMB 2.02 trillion yuan, increasing 8.6% yoy.

Figure 2-9 The Monthly Cross-border RMB Settlement for the Direct Investment during 2018-2019

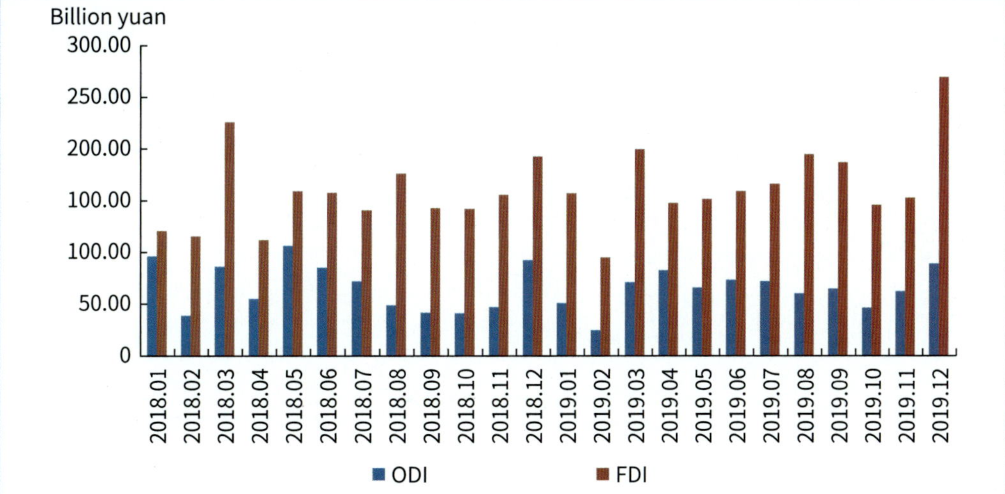

Source: PBC.

2. The Cross-border RMB Cash Pooling Business

By the end of 2019, 2,341 cross-border RMB cash pools have been established nationwide. In 2019, cross-border RMB capital pools had outflows of RMB 931.5 billion yuan and inflows of RMB 889.0 billion yuan, totaling RMB 1.82 trillion yuan, an increase of 8.3% yoy.

Figure 2-10 The Monthly Settlement of the Cross-border RMB Cash Pooling Business during 2018-2019

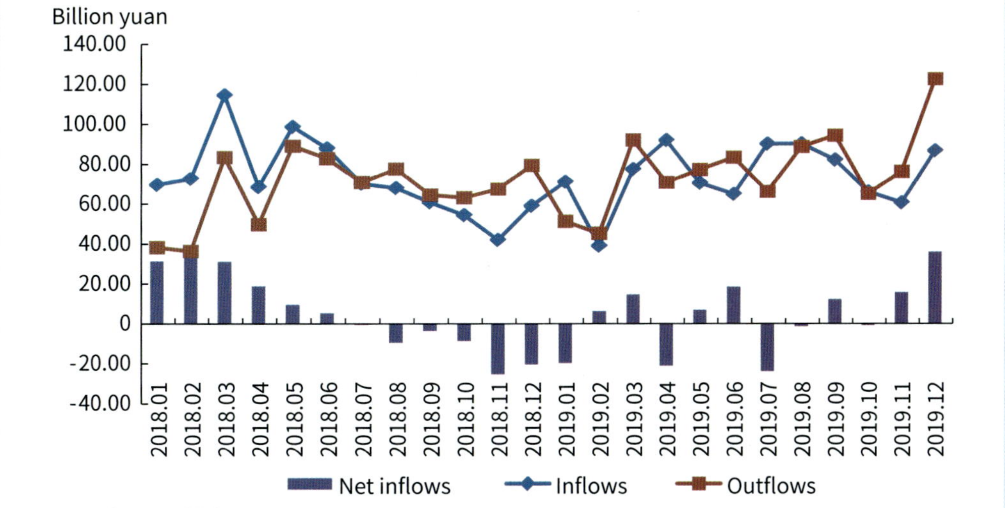

Source: PBC.

3. Panda Bonds

By the end of 2019, the issuers of the Panda Bonds were more diversified , including government institutions, international development institutions, financial institutions and non-financial enterprises. The cumulative registration or approval (filed) quota of the Panda Bonds reached RMB 797.6 billion yuan, with the issuance amount totaling RMB 375.1 billion yuan. In 2019, a total of the 40 Panda Bonds were issued in both CIBM and exchange markets, reaching RMB 59.8 billion yuan, both of which were lower than 2018.

Figure 2-11 The Issuance Amount of Panda Bonds in Interbank Bond Market and Exchange Market

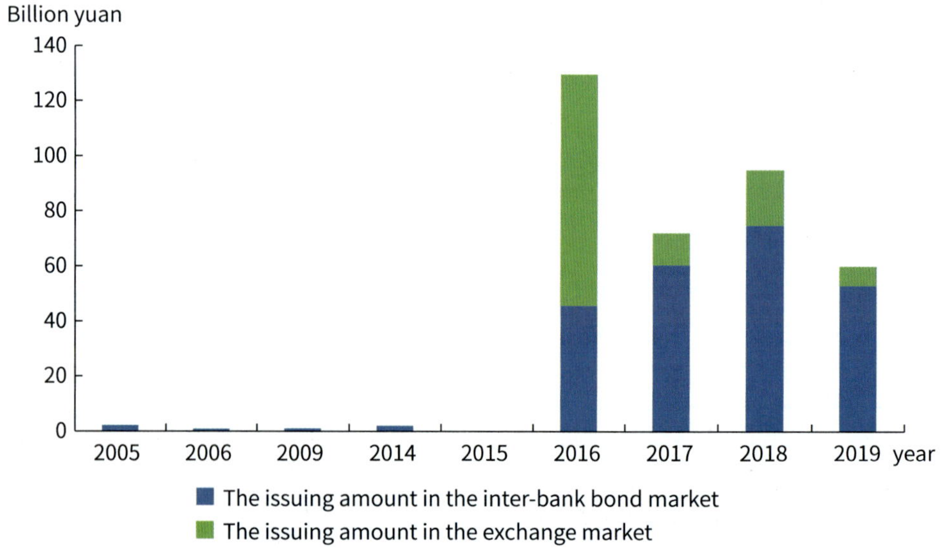

Source: PBC.

Box 3 Panda Bonds Promoted the Development of the RMB International Bond Markets

With the continuous improvement (namely the account opening, funds custody, cross-border remittance and data reporting) in the Panda Bonds management, the issuance process of the Panda Bonds has been streamlined, the transparency of the issuance regime has been constantly improved, the convenience and standardization of the bond issuance by foreign entities have been steadily enhanced, and foreign institutions are more attached to the Panda Bonds. Since 2019, the issuers of the Panda Bonds have been increasingly diversified, and the market participation of the non-Chinese-owned foreign entities has increased continuously. More and more foreign entities chose to issue the Panda Bonds as an important financing channel.

As for the bond issuers, the market participation of the non-Chinese-owned foreign entities has increased with a variety of categories. In 2019, 12 non-Chinese-owned foreign entities issued 23 Panda Bonds, accounting for 54% of the total new bond issuers, with a yoy increase of 7%. The market participation of the non-Chinese-owned foreign issuers has continuously improved, which has changed compared with the previous situation dominated by Chinese background issuers. As for categories, the foreign bond issuers of the Panda Bonds expanded constantly, covering various types of institutions, such as government institutions, international development institutions, financial institutions and non-financial enterprises, among which the non-financial enterprises accounted for the largest share. In 2019, the proportion of the foreign issuers for foreign government institutions, international development institutions, foreign financial institutions and non-financial enterprises was 7.5%, 5%, 10% and 77.5% respectively.

Figure 2-12 The Composition of Issuers of Panda Bonds in 2019

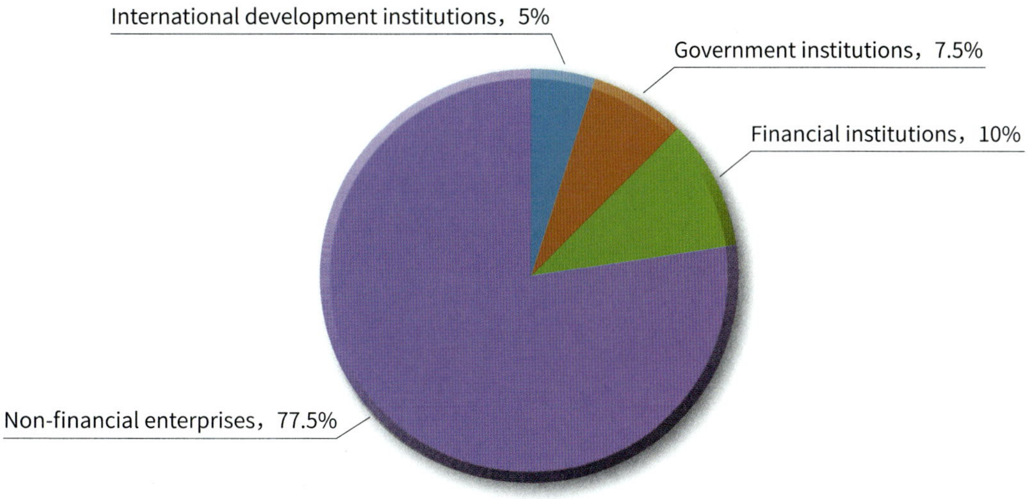

Source: PBC.

The Panda Bonds, as the onshore RMB bonds, feature low risk and stable returns, which can not only provide new channels for foreign issuers to expand financing and optimize debt structure, but also offer more options for domestic and foreign investors to allocate funds properly and diversify the RMB-denominated asset portfolios. In addition, for multinational enterprise groups that have a business foundation and demand for the use of RMB in China, funding by issuing the Panda Bonds can reduce the risks from currency mismatch, cut exchange costs and mitigate foreign exchange risk.

Along with the accelerating development of two-way opening-up of China's bond markets, the development of the Panda Bonds market has further enriched the foreign issuers and investors in China's bond markets, increased the scale and proportion of RMB bonds in the international bond issues, made the China's bond markets to be more atrractive, enhanced the resilience and risk aversion of the financial markets, and promoted the comprehensive integration of China's financial market and the international bond markets.

4. Cross-border Securities Investment

In 2019, the cross-border settlement under the securities investment item totaled RMB 9.51 trillion yuan with a yoy increase of 49.1%, and the net inflow reached RMB 621.9 billion yuan.

Bond Investment. In 2019, 796 foreign institutions entered the interbank bond market, with 435 of them entering directly, 491 via the Bond Connect, and 130 via both channels mentioned above. In 2019, the total amount of the inflow hit RMB 3.97 trillion yuan in contrast to the outflow of RMB 3.52 trillion yuan, with a net inflow of RMB 450.1 billion yuan. Among that, the net inflow that directly entered the market hit RMB 312.3 billion yuan, while those via the Bond Connect stood at RMB 137.8 billion yuan.

Shanghai-Hong Kong Stock Connect and Shenzhen-Hong Kong Stock Connect Business. In 2019, the cross-border settlement via Shanghai-Hong Kong Stock Connect and Shenzhen-Hong Kong Stock Connect totaled RMB 1.03 trillion yuan with a yoy increase of 22% and the net inflow stood at RMB 57.4 billion yuan, compared with the net inflow of RMB 209.3 billion yuan in 2018. The net inflow via Shanghai Stock

Connect and Shenzhen Stock Connect reached RMB 277 billion yuan, and the total market value of Hong Kong stocks held by mainland investors via Hong Kong Stock Connect reached RMB 768.7 billion yuan, with a net outflow of RMB 219.6 billion yuan.

RQFII. By the end of 2019, a total of 21 countries or regions have been granted with RQFII quotas of RMB 1.99 trillion yuan. 223 foreign institutions have registered or applied for investment quotas of RMB 694.1 billion yuan. In 2019, the amount of receipts via the RQFII reached RMB 129.3 billion yuan, and that of payments registered RMB 155.3 billion yuan, leading to a net inflow of RMB 26 billion yuan. In September 2019, the restrictions for investment quotas as well as pilot countries or regions for the RQFII were removed.

Box 4 A Shares and RMB Bonds were Included in More Major International Indexes

In April 2019, Bloomberg included the Chinese government bonds and policy bank bonds denominated in RMB into the Bloomberg Barclays Global Aggregate Index (BBGA). In September 2019, JP Morgan Chase & Co. has included the Chinese government bonds into the Government Bond Index-Emerging Markets (GBI-EM), which started from February 28, 2020, and was scheduled to be phased in within a 10-month period.

In March 2019, Morgan Stanley Capital International (MSCI) announced that it would increase the weight of Chinese A-shares in the MSCI Indexes significantly by raising the inclusion factor from 5% to 20% in 3 steps, and then include China's A-shares mid-cap stocks into the MSCI Indexes in November 2019. In June 2019, the FTSE Russell officially included Chinese A-shares into the FTSE Global Equity Index Series. In September 2019, S&P Dow Jones Indices added the A-shares mid-cap stocks to the S&P Emerging Broad Market Index (BMI). Up to this point, three major global equity index providers have taken Chinese A-shares as part of their global benchmarks.

In recent years, the opening-up of China's financial market has progressed steadily. By the end of 2019, the scale of China's bond market had reached RMB 99 trillion yuan, of which the holdings by foreign entities were RMB 2.3 trillion yuan, increasing 26.7% yoy; the scale of China's stock market has reached RMB 59.3 trillion yuan, of which the holdings by foreign entities were RMB 2.1 trillion yuan, increasing 82% yoy. The inclusion of A-shares and RMB bond by major international financial indexes fully embodied the confidence of the international investors in the long-term sound development of China's economy, as well as the recognition of the effectiveness of the opening-up of China's financial market, which will better promote the win-win cooperation of international investors and China. The PBC will continue to optimize the fundamental system of Chinese financial market and provide a more friendly and convenient investment environment for international investors.

5. Other Investments

In 2019, the total cross-border settlement amount under other investments such as the cross-border financing and project loans reached RMB 1.3 trillion yuan, decreasing 23.5% yoy, with a net inflow of RMB 214.6 billion yuan, increasing 106.3% yoy.

Box 5 The Domestic RMB Financial Assets Held by Foreign Entities

By the end of 2019, the amount of the financial assets such as domestic RMB stocks, bonds, loans, and deposits held by foreign entities had reached RMB 6.41 trillion yuan, increasing 30.3% yoy. Among that, the market capitalization of stocks was RMB 2.1 trillion yuan, the balance of the bond custody was RMB 2.26 trillion yuan, the balance of deposits was RMB 1.21 trillion yuan (including deposits from interbank accounts), and the balance of loan was RMB 833.2 billion yuan.

Stocks and bonds in the domestic financial market have become the prominent options of RMB assets allocated by overseas inverstors. By the end of 2019, the scale of the domestic RMB stocks and bonds held by foreign inverstors had increased by 48.6% yoy, among which the amount of the bond custody accounted for 2.3% of the total in CIBM, and the market value of the stocks accounted for 3.6% of the total outstanding market value of A-shares. In 2019, stocks comprised 66.6% of the domestic RMB assets increment held by foreign entities.

Table 2-2 Domestic RMB Financial Assets Held by Non-residents

Unit: billion yuan

Instruments	Dec. 2018	Mar. 2019	Jun. 2019	Sep. 2019	Dec. 2019
Stocks	1,151.74	1,683.89	1,647.30	1,768.55	2,101.88
Bonds	1,785.36	1,818.76	2,013.98	2,184.08	2,262.93
Loans	924.65	853.47	834.01	818.07	833.16
Deposits	1,059.16	1,117.57	1,111.28	1,093.45	1,214.87
Total	4,920.91	5,473.69	5,606.57	5,864.15	6,412.84

Source: PBC.

IV. Domestic RMB in Foreign Exchange Trading

By the end of 2019, the interbank foreign exchange market in China continued to enrich its trading entities, with a total of 711 RMB foreign exchange spot trading members, 245 forward trading members, 239 foreign exchange swap trading members, 197 currency swap trading members, 146 option trading members, 30 RMB foreign exchange spot market makers and 27 market makers in the forward swap market.

China's domestic interbank foreign exchange market operated smoothly, and the product structure was further improved, with annual RMB foreign exchange turnover equivalent of USD 25.0 trillion, up 0.7% yoy, and an average daily turnover of USD 102.5 billion. Among that, RMB foreign exchange spot transactions amounted to equivalent of USD 7.9 trillion, up 4.0% yoy; RMB foreign exchange market swap transactions amounted to equivalent of USD 16.4 trillion, down 0.5% yoy, with overnight dollar swaps trading equivalent of USD 9.5 trillion, accounting for 57.9% of total swaps turnover; USD 51.2 billion in currency swaps, down 22.2% yoy; equivalent of USD 76.0 billion in forward transactions, down 13.2% yoy; trading volume of RMB options amounted to USD 581.2 billion, down 4.9% yoy.

In 2019, RMB transactions against non-USD foreign currencies developed steadily, with spot transactions amounting to RMB 2.3 trillion yuan. The share of spot trading in the interbank foreign exchange market was 4.2%, up 1% compared with 2018.

Table 2-3 The Trading Volume of the RMB against Currencies in the Interbank Foreign Exchange Spot Market in 2019

Unit: billion yuan

Currency	USD	EUR	JPY	HKD	GBP	AUD	NZD
Trading Volume	52,515.706	1,363.807	354.957	191.977	77.678	65.873	14.004
Currency	SGD	CHF	CAD	MYR	RUB	ZAR	KRW
Trading Volume	133.204	7.328	29.032	2.640	13.413	0.061	11.474
Currency	AED	SAR	HUF	PLN	DKK	SEK	NOK
Trading Volume	1.088	2.642	0.066	0.079	1.480	3.653	0.903
Currency	TRL	MXN	THB	KZT (regional trade)	KHR (regional trade)	MNT (regional trade)	
Trading Volume	0.128	0.072	28.226	0.006	0	0.001	

Source: China Foreign Exchange Trade System (CFETS).

V. RMB-denominated Commodities

On August 12, 2019, TSR20 futures were listed on the Shanghai Futures Exchange International Energy Trading Center as specific instrument trading futures. The TSR20 futures trading follows the rule of "international platform, net price trading, bonded delivery and RMB denomination", and overseas traders were warmly welcomed. The access for overseas traders was consistent with that of crude oil futures. Natural rubber is an important strategic material, among which, TSR20 is of the most representative species, an important basic raw material for the tire industry. China is not only the largest tire manufacturer in the world, but also the largest consumer and importer of TSR20 in the world. The listing of TSR20 and the introduction of overseas traders will help implement the national Belt and Road initiative and enhance China's influences on global natural rubber pricing, which is conducive to steadily advancing the internationalization of the RMB.

So far, China has listed four specific varieties (crude oil, iron ore, PTA and TSR20) futures. Overseas traders who invest in specific varieties of futures in China can use RMB or USD as margin. Until May 15, 2020, foreign traders have totally remitted inward equivalent of RMB 3.713 billion yuan as margin and outward equivalent of RMB 3.809 billion yuan, accounting for 70.87% and 82.59% of the total respectively.

Box 6 RMB-denominated Settlement of Iron Ore Trading

In recent years, China has been the world's largest importer and consumer of iron ore trading, with iron ore imports and consumption respectively taking up 70% and 50% of the global total, but has little saying on pricing. Similar to crude oil, iron ore is mainly subject to long-term agreements, supplemented by a small number of spot transactions. The current pricing benchmark is primarily the Platts[①] Index (hereinafter referred to as "Platts"). Platts is an inquiry index denominated in US dollars. Due to its own mechanism defects, Platts tends to rise other than to fall, which squeezes the profit of domestic steel mills and is unfavorable to the development of the domestic steel industry.

In October 2013, China's RMB-denominated iron ore futures were listed on the Dalian Commodity Futures Exchange. The listing of iron ore futures accelerated the return of the true value of iron ore. In order to further promote the opening-up of the futures market to better serve the real economy, on May 4, 2018, iron ore, as a specific variety of Futures, was formally introduced to overseas traders. The trading mechanism for overseas traders basically refers to crude oil futures. As of March 31, 2020, overseas traders' accounts for iron ore futures have covered 18 countries and regions, including the UK, France, Switzerland, Japan, Singapore, Hong Kong SAR of China and Taiwan province of China. In March 2020, overseas traders in iron ore futures traded an average of 254,000 lots a day, with an average daily position of 46,000 lots, an increase of 103% and 5% compared with the previous month.

Domestic steel enterprises also make continuous progress in the use of RMB settlement for iron ore imports. In early May 2020, China's Baoshan Iron & Steel Co., Ltd., a subsidiary of China Baowu Steel Group Corporation Limited completed the first cross-border RMB settlement with Rio Tinto (Australia) by using block chain technology, which was a new step forward after first RMB cross-border settlement between Baoshan Iron & Steel Co., Ltd. and Vale (Brazil) and BHP Billiton (Australia) in January and April this year respectively. So far, China's Baowu and the world's three largest iron ore suppliers have achieved cross-border settlement in RMB, totaling more than RMB 500 million yuan.

① Platts was launched by the S&P Global Platts in 2008, owning to McGraw Hill Group like the Standard & Poor's. Platts is valued primarily on the highest buyer's inquiry and the lowest seller's offer of the day, regardless of whether the actual transaction took place. In 2010, Platts was selected as the benchmark of iron ore pricing by the world's three largest iron ore suppliers.

VI. RMB as an International Reserve Currency

Based on IMF COFER data, the scale of RMB reserves has reached USD 217.67 billion, accounting for 1.95% of the total foreign exchange reserves of designated currencies by the end of the fourth quarter of 2019, ranking 5th and surpassing 1.88% of CAD, the highest level since the IMF published the RMB reserve assets in 2016. According to incomplete statistics, more than 70 central banks or monetary authorities incorporated RMB into their foreign exchange reserves.

VII. Cross-border Circulation of RMB Banknotes

In 2019, cross-border circulation of RMB banknotes operated smoothly. The total volume of cross-border RMB banknotes transportation by banks was RMB 104.030 billion yuan, down 11.1% yoy, of which outbound volume was RMB 6.866 billion yuan, and inbound volume was RMB 97.164 billion yuan, resulting in a net inward volume of RMB 90.298 billion yuan. The total amount of RMB banknotes supply and withdrawal in the Bank of China (Hong Kong) RMB Custodial Inventory by overseas participating banks was RMB 55 million yuan, down 77.1% yoy, of which the volume of RMB banknotes supply was RMB 28 million yuan and that of RMB banknotes withdrawal was RMB 27 million yuan.

The reasons for the decline in cross-border RMB cash business were as follows. Firstly, with the development of the modern payment system, the expansion of the scope of overseas use of UnionPay cards, the expansion of the cross-border use of third-party payment tools has, to some extent, reduced the necessity for individuals to carry RMB cash abroad, so that the sources of RMB cash in the overseas banking channel decreased accordingly. Secondly, with the gradual improvement of the overseas RMB clearing mechanism and the continuous optimization of the environment for the transfer and withdrawal of RMB cash, the secondary market for overseas RMB cash has become more stable. RMB cash is actively traded, with some large wholesale cash banks trading with other commercial banks and non-banking institutions around the world, which serves customers such as merchants and tourists who have exchange needs, resulting in a diversion in cash transfer business.

VIII. Cross-border Interbank Payment System

In 2019, the CIPS operated steadily for 250 working days, handling a total of 1.8843 million cross-border RMB transactions with an overall amount of RMB 33.93 trillion yuan, up 31% and 28% respectively yoy, and an average daily processing of 7,537 transactions, amounting to 135.7 billion. Among that, there were 1.4038 million customer remittances, with the amount of RMB 5.57 trillion yuan; 428,200 financial institutions remittances, with the amount of RMB 25.70 trillion yuan; 25,600 bulk customer remittances, with the amount of RMB 111 million yuan; 26,7000 bilateral transactions, with the amount of RMB 2.66 trillion yuan; 59 clearing agency lending transactions, with the amount of RMB 32 million yuan.

Figure 2-13 The Daily Average RMB Cross-border Business in the CIPS during 2015-2019

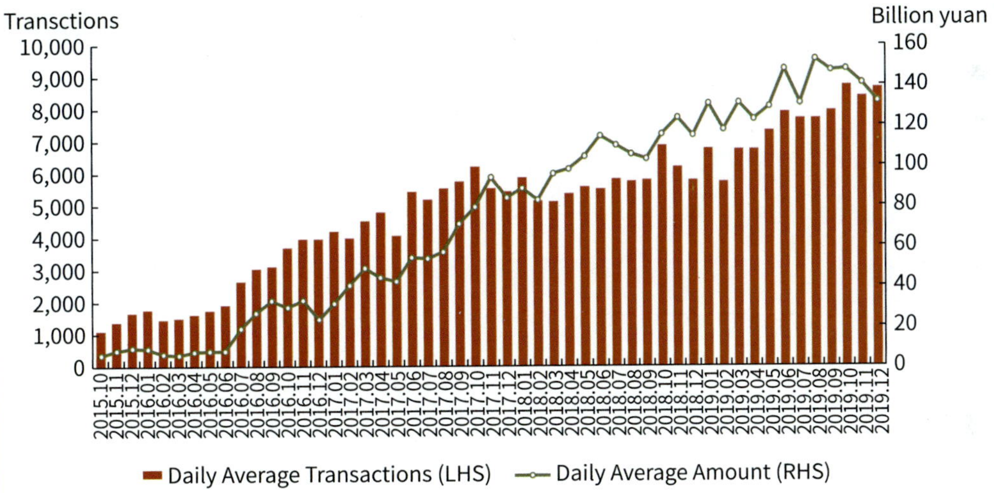

Source: CIPS.

In 2019, as the only clearing channel for the northbound funds of the Bond Connect, CIPS handled 27,000 transactions of the funds of the Bond Connect with RMB 2.7 trillion yuan in value, up 2.6 times and 2 times respectively yoy, involving RMB 1.47 trillion yuan of overseas bonds purchased, RMB 1.19 trillion yuan of overseas bonds sold, with a net inflow of RMB 0.28 trillion yuan. In terms of domestic custodian institutions, the China Central Depository & Clearing Co., Ltd. processed 22,000 transactions of bond funds for a total amount of 2.1 trillion yuan, and Shanghai Clearing House escrowed 4,314 bond fund transactions, totaling 609.1 billion yuan.

IX. RMB Interest Rates and Exchange Rates

1. RMB interest rates

In 2019, the overall RMB interest rate pivot in domestic money market was downward, with a slight rebound at the end of the year. By the end of the year, the overnight, 1-month, 3-month, 6-month and 1-year Shanghai Interbank Offered Rate (SHIBOR) dropped 61, 22, 27, 25 and 41 basis points respectively from the beginning of the year to close at 1.69%, 2.98%, 3.02%, 3.05% and 3.10%; 7-day SHIBOR rose slightly by 10 basis points from the beginning of the year to close at 2.74%.

Figure 2-14 The Tendency of Shanghai Interbank Offered Rate (1)

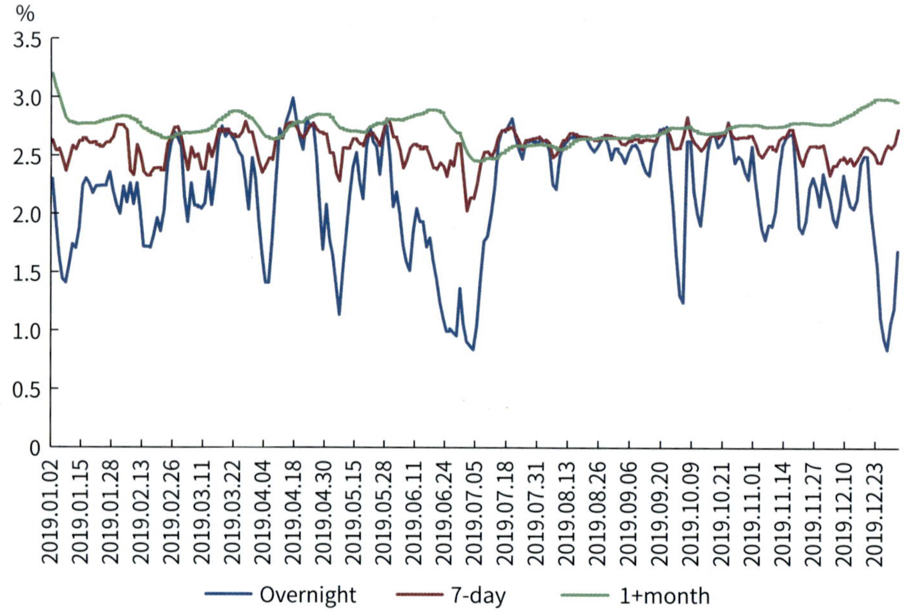

Source: www.chinamoney.com.cn.

Figure 2-15 The Tendency of Shanghai Interbank Offered Rate (2)

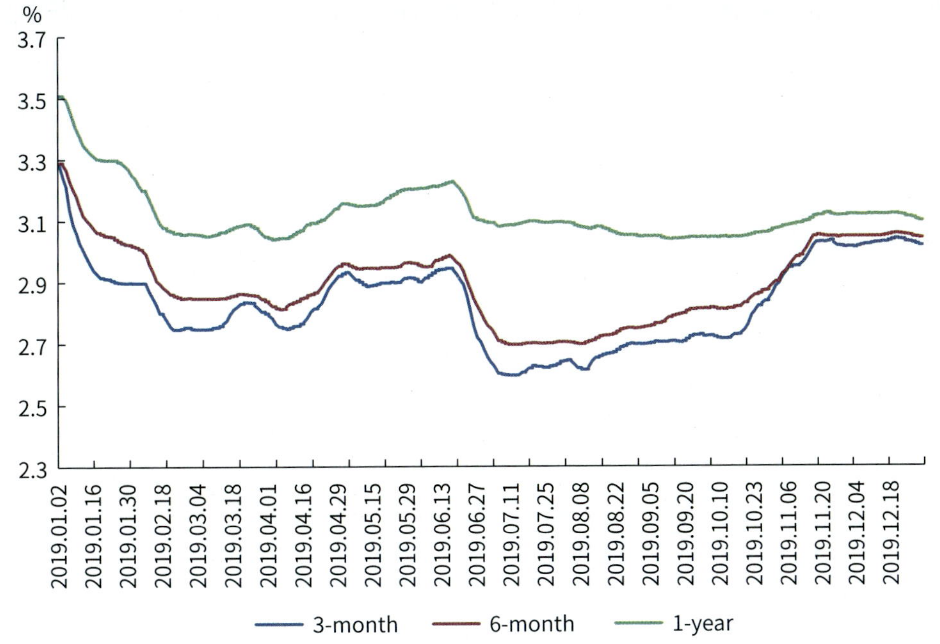

Source: www.chinamoney.com.cn.

2. RMB exchange rates

In 2019, RMB appreciated first and then depreciated against Basket of currencies. At the end of the year, the China Foreign Exchange Trade System (CFETS) RMB exchange rate index was 91.39, down 2.03% from the end of 2018. According to the Bank for International Settlements (BIS), since the reform of the RMB exchange rate formation regime in 2005, as of the end of 2019, the nominal and real effective exchange rate of RMB appreciated by 32.3% and 46.7%, respectively.

In 2019, the domestic RMB exchange rates fluctuated in both directions with significantly greater flexibility. The RMB has appreciated and depreciated against the US dollar and other major global currencies, with the central parity rate of the RMB depreciating 1.62%, 3.43% and 5.18% against the US dollar, the Japanese yen and the British pound respectively, and appreciating 0.41% against EUR at the end of 2018.

Throughout the year, the central parity rate of the USD/CNY was as high as 6.6850 and as low as 7.0884, with a fluctuation range of 4,034 basis points and an annualized volatility of 4%. During 244 trading days, RMB appreciated in 113 days, depreciated in 130 days, and unchanged for 1 trading day. The maximum one-day appreciation was 0.70% (469 points) and the maximum one-day depreciation was 0.66% (458 points). At the end of 2019, the central parity rate of the USD/CNY exchange rate was 6.9762, a depreciation of 1.62% compared with the end of 2018, and the USD/CNY closing rate at 6.9662, a depreciation of 1.44% compared with the end of 2018.

Figure 2-16 The Tendency of the Domestic RMB Exchange Rate against the USD

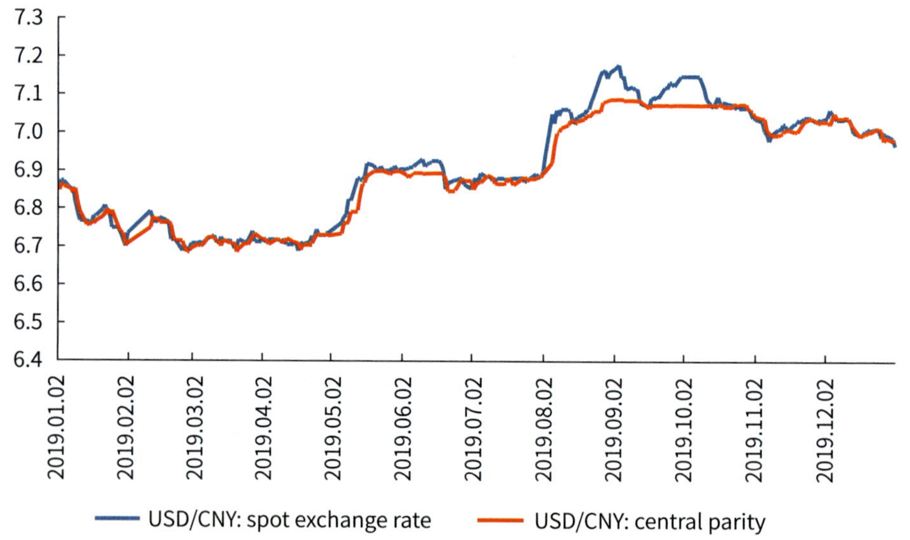

Source: Reuters.

X. Central Banks Cooperation

1. Bilateral Local Currency Settlement

In January 2020, the PBC signed the Bilateral Local Currency Cooperation Agreement with the Bank of Lao P.D.R, expanding the scope of local currency settlement from the border trade to all current and capital transactions that have been liberalized by the two countries.

2. Bilateral Local Currency Swap

In 2019, the PBC signed a new bilateral currency swap agreement with the Macao Monetary Authority, totaling RMB 30 billion yuan, and renewed the bilateral local currency swap agreements with the Centrale Bank van Suriname, Singapore Monetary

Authority, Turkey Central Bank, European Central Bank and Hungary Central Bank, totaling RMB 683 billion yuan. By the end of 2019, the PBC has signed bilateral currency swap agreements with the central banks or monetary authorities of 39 countries and regions, covering major developed and emerging economies in the world, as well as the major offshore RMB markets, totaling more than RMB 3.7 trillion yuan.

3. Overseas Clearing Mechanism Arrangement

In June 2019, the PBC authorized the Mitsubishi UFJ Bank as the RMB clearing bank in Japan. In September, the PBC authorized the Manila Branch of the Bank of China as the RMB clearing bank in Philippines. By the end of 2019, the clearing arrangements have covered 25 countries and regions.

PART THREE

Policies and Relevant Reforms

In 2019, the cross-border RMB business policy continued to be optimized, the financial market was further opened, the macro-prudential management was improved continuously, and the market-oriented reform of the RMB exchange rate continued to be steadily deepened.

I. Optimization of Policies on the Cross-border RMB Business

In September 2019, the Macro-prudential Policy Bureau of the PBC issued *the Notice on Launching Pilot Business of Higher Level Trade and Investment Facilitation* (the PBC Macro-prudential Policy Bureau Document [2019] No. 10), taking 18 free trade zones, including Shanghai, Guangdong, Tianjin, Fujian, Liaoning, Zhejiang, Henan, Chongqing, Sichuan, Hubei, Shanxi, Hainan, Shandong, Jiangsu, Guangxi, Hebei, Yunnan, Heilongjiang, as pilot areas, to carry out higher-level trade and investment facilitation pilot businesses. On the basis of the principles of knowing your customer, knowing your business and due diligence, banks in free trade zones can directly handle the cross-border RMB settlement business for goods trade, service trade (except entrepot trade and refund) and the payment and use of the RMB income funds of capital projects in China for high-quality enterprises, based on the *Notes on the Cross-border Business RMB Settlement Receipt/Payment* or Receipt/Payment instructions submitted by high-quality enterprises. High-quality enterprises do not need to submit authenticity verification materials one by one in advance, and the convenience and effectiveness of the cross-border RMB payment were greatly improved.

Box 7 The RMB Cross-border Settlement Policy Promoting Higher Level of Trade and Investment Facilitation

In December 2019, the Operations Office (Beijing) of PBC released the Facilitation Plan for Cross-border RMB Settlement Business of High-quality and Honest Enterprises in Foreign Contracted Projects in Beijing (hereinafter referred to as the Plan), and the first pilot project for facilitating the cross-border RMB settlement business of foreign contracted projects enterprises in China officially landed in Beijing.

The Plan proposed a series of facilitation measures. Firstly, pilot banks can directly handle relevant business based on the receipt/payment instructions submitted by high-quality and honest enterprises, without submitting authenticity verification materials one by one in advance, to facilitate enterprises to handle the cross-border RMB business for trade in goods and services. Secondly, pilot banks can directly handle the domestic payments of the RMB cross-border income funds under capital account on the premise of complying with the current management regulations, without submitting authenticity certification materials in advance. Thirdly, when advance payment is required to ensure the start-up and operation of the project, pilot banks can handle the remittance of funds for overseas contracted projects for high-quality and honest enterprises based on relevant authentic materials. Fourthly, pilot banks can handle the cross-border payment services such as wages and salaries paid by the enterprises for overseas employees after reviewing the authenticity certification materials based on the receipt/payment instructions or payment information lists submitted by high-quality and trustful enterprises. Fifthly, member banks in the self-discipline mechanism of Beijing area are encouraged to promote domestic and overseas cooperation, and provide full-process services such as account opening and liquidity management for overseas engineering projects of high-quality and trustful enterprises.

This pilot program helps enterprises save exchange costs, mitigate foreign exchange risk, simplify settlement procedures, speed up capital turnover in cross-border trade and settlement, and expand the cross-border use of the RMB while enterprises go global. It's of positive significance to promote the financing along B&R and RMB internationalization.

II. Promotion of the Two-way Opening-up of the Capital Market

1. Shanghai-London Stock Connection was Launched

In May 2019, the PBC and SAFE jointly issued *the Measures for the Administration of Cross-border Funds of Depository Receipts (Trial)* (PBC, SAFE Public Announcement [2019] No. 8). Serving as an important supporting policy arrangement for Shanghai-London Stock Connection and depository receipts business, the Measures regulated cross-border fund management in the process of issuance, conversion and depository of depository receipts.

On June 17, 2019, the Shanghai-London Stock Connection was officially launched.

2. Regulation of Qualified Foreign Investors' inward Investment was Streamlined

In September 2019, the Qualified Foreign Institutional Invester/RMB Qualified Foreign Institutional Investor (QFII/RQFII) investment quotas and restrictions on the RQFII pilot countries and regions were removed so as to further facilitate foreign qualified investors to invest in domestic market.

In October 2019, the PBC and SAFE issued *the Circular on Further Facilitating Investments by Foreign Institutional Investors in Interbank Bond Markets* (PBC Document [2019] No. 240). According to the Circular, non-trading transfers will be allowed between bonds invested directly and bonds invested through the QFII/RQFII program by the same foreign investor, with direct transfers also allowed between corresponding capital accounts.

III. The RMB Exchange Rate Formation Regime

In 2019, the PBC continued to deepen the market-oriented reform of the RMB exchange rates, and improve the managed floating exchange rate system based on market supply and demand with reference to a basket of currencies. It enhanced the flexibility of the RMB exchange rates, and effectively played the role of an automatic stabilizer for exchange rate adjustment of macro-economy and balance of payments. In early August, affected by the further escalation of trade frictions, the RMB exchange rate "broke 7" under the impetus of market forces, while it was expected to remain stable overall. After that, affected by changes in the international economic and financial situation and trade frictions, the RMB exchange rate "broke 7" several times.

Overall in 2019, the cross-border capital flows and foreign exchange supply and demand were basically balanced, the exchange rate expectations remained anchored, and the RMB exchange rate remained basically stable at a reasonable and equilibrium level.

PART FOUR

Development of the Offshore RMB Market

In 2019, the offshore RMB market maintained a healthy and steady development with its width and depth constantly improved and the interaction between onshore and offshore market further strengthened. The offshore market for RMB-denominated financial products was more developed and the investment behavior became more rational. With the constant enhancement of Shanghai-Hong Kong Stock Connect, Shenzhen-Hong Kong Stock Connect, the Bond Connect mechanism and mutual fund recognition mechanism, and the continuously improving of the two-way circulation mechanism of the offshore and onshore RMB, more funds have been invested in China.

I. Offshore RMB Interest Rate and Exchange Rate

1. The Interest Rate

In 2019, the offshore RMB interest rate fell overall with less volatility compared with 2018, and different maturities showed divergence: the fluctuation of short-term interest rates remained stable while that of longer-term interest rates fell overall. At the end of 2019, Hong Kong Interbank Offered Rate (HIBOR) for overnight lending fixing rate of RMB was 1.92%, 20 basis points higher than that at the end of 2018, and the 7-day, 3-month and 1-year HIBOR were 2.40%, 3.26% and 3.35% respectively, dropping 40, 32 and 48 basis points from the end of 2018 respectively.

Figure 4-1 Movement of Hong Kong SAR of China's Offshore RMB Lending Rate in 2019(1)

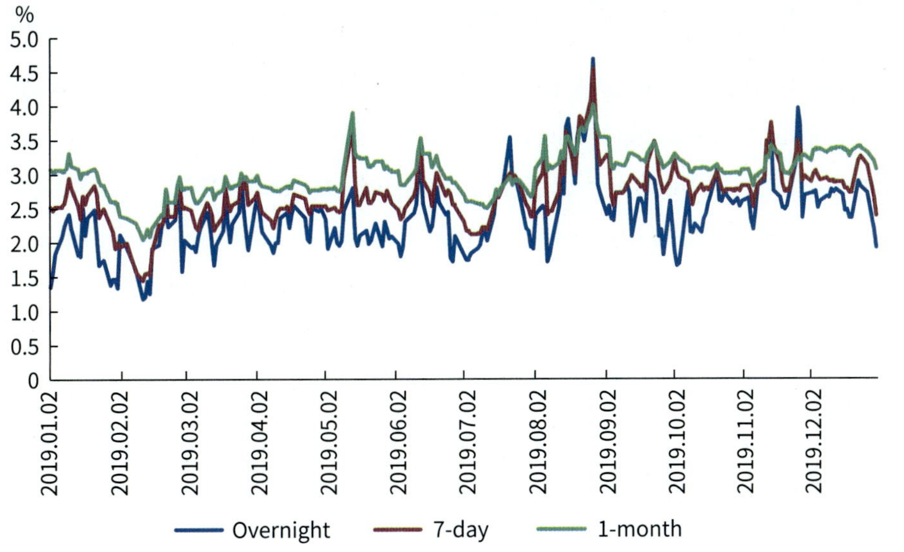

Source: Reuters.

Figure 4-2 Movement of Hong Kong SAR of China's Offshore RMB Lending Rate in 2019 (2)

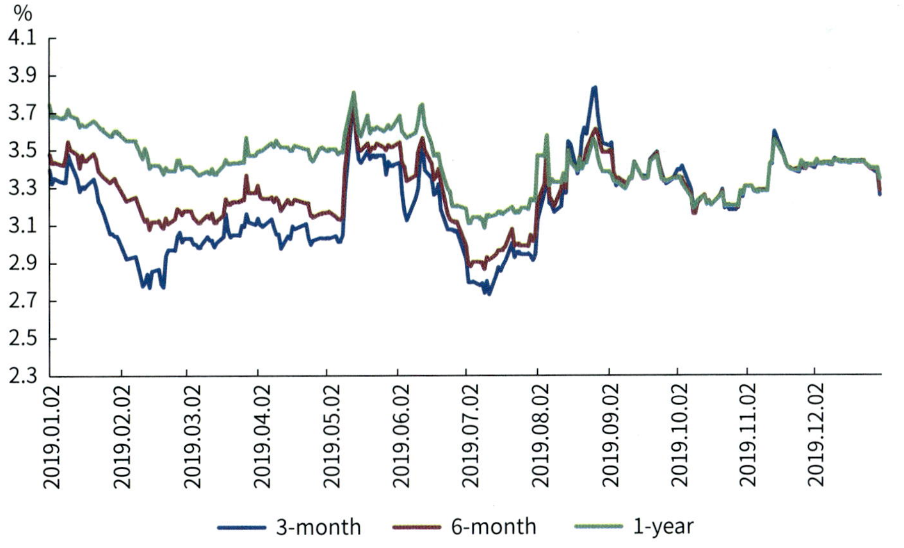

Source: Reuters.

In 2019, the interest rate of offshore market was overall higher than that of the onshore market, while the gap expanded during the year, with the HIBOR 0.02% higher than the SHIBOR on average. The spread between the HIBOR and the SHIBOR for 1-month and 3-month periods increased from 22 and 19 basis points in the first half of the year to 44 and 36 basis points in the second half of the year respectively.

2. The Exchange Rate

In 2019, the exchange rate of the offshore RMB featured significant two-way fluctuations, generally remaining consistent with the exchange rate of the onshore RMB, the exchange rate spread between the onshore and offshore RMB slightly narrowed and the depreciation expectation anchored stable overall. In the first 4 months of 2019, the offshore RMB appreciated generally, closing at a maximum of 6.6795. After that, trade disputes escalated and the offshore RMB depreciated, closing at 6.9591 at the end of the year, depreciating by 1.14% from the end of the previous year. The one-year Non-deliverable Forward (NDF) quotation generally declined, with a devaluation of 1.90% for the whole year, and the rate of implied devaluation fluctuated in two ways during the year, reaching 0.72% at the end of the year, roughly the same as at the beginning of the year. The offshore RMB was generally weaker than onshore RMB. The trading days that offshore RMB was weaker than onshore RMB during the year were more than twice as that of stronger. The average exchange rate spread between offshore and onshore RMB of the year was 96 basis points, narrowed by 32 basis points from 2018.

Figure 4-3 Movement of Hong Kong SAR of China's Offshore RMB Exchange Rate against the USD

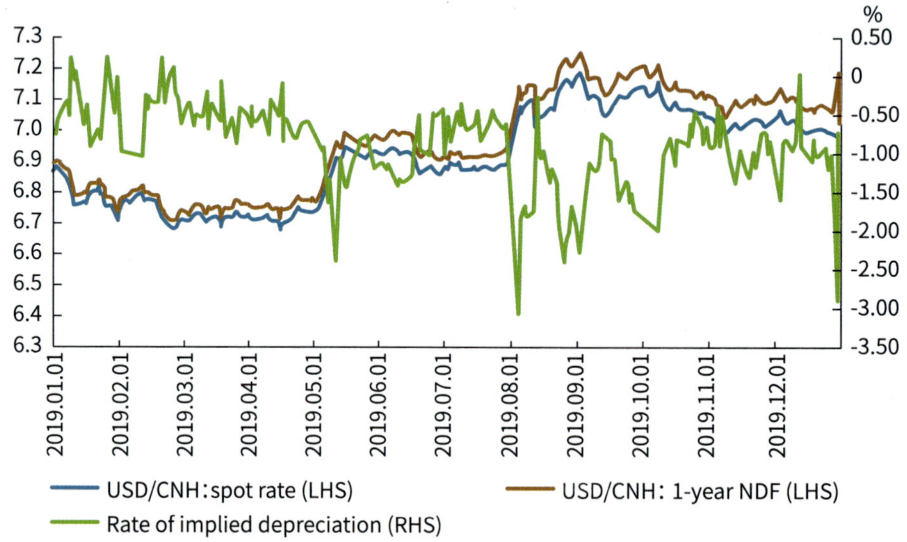

Source: Reuters.

II. Offshore RMB Deposits and Loans

By the end of 2019, the RMB deposits in Hong Kong SAR of China was RMB 632.2 billion yuan, ranking first in offshore RMB markets, with a yoy increase of 2.8%, accounting for 5.1% of the total amount of deposits and 10.3% of foreign currencies deposits in Hong Kong SAR of China. The RMB deposits in Taiwan province of China was RMB 261 billion yuan, with a yoy decrease of 12.5%, accounting for 3.2% of the total deposits and 18.6% of foreign currencies deposits in Taiwan province of China.

Figure 4-4 RMB Deposits of Hong Kong SAR of China

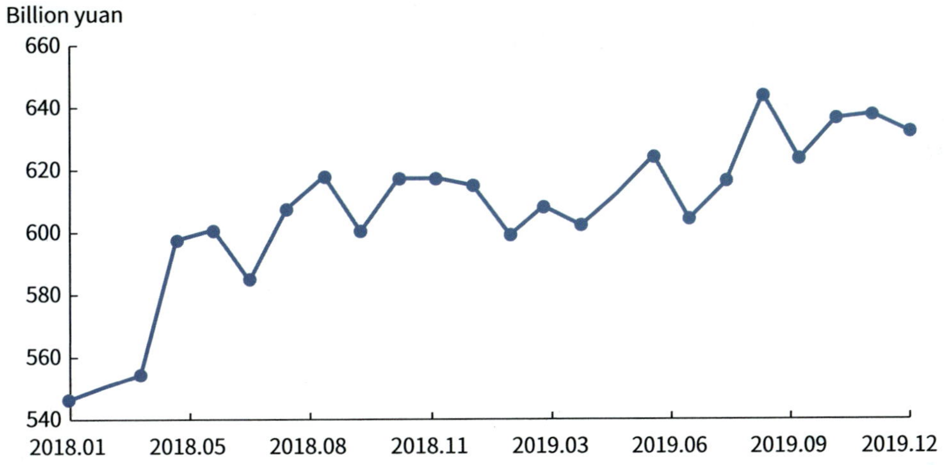

Source: Hong Kong Monetary Authority (HKMA).

III. Offshore RMB Securities Financing

In 2019, the offshore RMB-denominated bonds market rebounded. Incomplete statistics showed the total issuing scale of the RMB-denominated bonds in countries and regions where RMB clearing banks had already been established amounted to RMB 396.8 billion yuan in 2019, with a yoy increase of 35.4%. The RMB-denominated bonds issued in Hong Kong SAR of China amounted to RMB 166.7 billion yuan over the year, increasing 230.4% yoy. By the end of 2019, the outstanding balance of the RMB-denominated bonds in countries and regions where RMB clearing banks had already been established amounted to RMB 457.2 billion yuan, with a yoy increase of 10.2%. The balance of the RMB-denominated Certificates of Deposits (CDs) amounted to RMB 85.7 billion yuan, with a yoy decrease of 21.7%.

Box 8 Regularity of the RMB-Denominated Central-Bank Bills Issuance in Hong Kong SAR of China

In September 2018, the PBC signed a Memorandum of Understanding (MOU) with the Hong Kong Monetary Authority (HKMA), to facilitate the issuance of central-bank bills, enrich high credit rating RMB-denominated financial products, and improve the yield curve of the RMB-denominated bonds in Hong Kong SAR of China. Since November 2018, the PBC has established a regulatory mechanism to issue RMB-denominated central-bank bills in Hong Kong SAR of China. By the end of March 2020, the balance of the RMB-denominated central-bank bills in Hong Kong SAR of China was RMB 80 billion yuan, including 3-month bills, 6-month bills, and 1-year bills. The RMB-denominated central-bank bills in Hong Kong SAR of China are auctioned in the HKMA's Central Moneymarkets Unit (CMU) to offshore investors. At present, the RMB-denominated central-bank bills are issued around every one and a half months in Hong Kong SAR of China, and the amount is mainly determined by market demand. Past experiences demonstrated that each issuance was welcome and actively subscribed by international investors, even in March 2020 when there were relatively large international financial market fluctuations, the bid-to-cover ratio exceeded 3, showing that foreign investors had confidence in both the RMB and the Chinese economy.

The steady and constant issuance of the RMB-denominated central-bank bills in Hong Kong SAR of China contributed to enriching high credit rating RMB-denominated products in Hong Kong SAR of China, diversifying the tools for the RMB liquidity management, meeting the demand of offshore investors, improving the offshore RMB-denominated bonds yield curve, accelerating the development of the offshore RMB currency markets, encouraging other issuers to issue the RMB-denominated bonds in offshore markets, and promoting the RMB internationalization.

IV. Global RMB Foreign Exchange Trading

In 2019, the global RMB trading increased steadily. According to statistics released by BIS on a triennial basis in April 2019, the RMB ranked 8th among the most active currencies for global trading, and ranked first among emerging markets currencies. The average daily trading amount of the RMB globally increased from USD 202 billion in 2016 to USD 284 billion, while the share of the RMB trading volume in the global foreign exchange market rose from 4% in 2016 to 4.3% in 2019. The growth of the RMB trading was primarily due to the growth of trading of RMB against USD, which accounted for 95% of the total trading amount of RMB against all foreign currencies. The total trading amount of RMB against USD ranked 6th of the world, same as 2016, and the average daily trading amount increased from USD 192 billion in 2016 to USD 269 billion. According to the SWIFT statistics, RMB was one of the most active currencies in foreign exchange markets globally. At present, the RMB trading amount in the United Kingdom, Hong Kong SAR of China, the United States and Singapore ranked top four in the offshore markets, accounting for over 80% of the offshore RMB trading volume in total.

At present, a relatively mature product system in the offshore RMB market has been established. The RMB-denominated products of the offshore Over-the-Counter (OTC) market include spot, forward, swap, currency swap, the Non-Deliverable Forwards (NDFs), options, etc. Varieties of the RMB-denominated investment products are provided in the offshore exchange market, such as the RMB-denominated futures, the Exchange Trade Fund (ETF) and the Real Estate Investment Trust (REITs). In 2019, the trading volume of USD/CNH FX Futures in Singapore Exchange (SGX) was 9,069 thousand contracts (36,710 contracts in daily average), with a yoy increase of over 70%. At the end of 2019, the turnover of open interest for futures amounted to 53,288 contracts, with a yoy increase of 76%, accounting for around 68% of the total turnover of open interest for similar products in exchanges globally. The trading volume of USD/CNH FX Futures in Hong Kong Exchange and Clearing (HKEX) was 1.939 million contracts (7,882 contracts in daily average), with a yoy increase of 10%; the average daily trading volume of USD/CNH Options in HKEX was 63 contracts, decreasing 48% yoy. At the end of 2019, the turnover of open interest for RMB-denominated futures was 24,636 contracts and for RMB-denominated options was 1,643 contracts. The trading volume of USD/CNH FX Futures in Taiwan Futures Exchange was 75 thousand contracts (311 contracts in daily average), with a yoy increase of 13%; the trading volume of USD/CNT FX Futures was 289 thousand contracts (1,196 contracts in daily average), with a yoy increase of 2%. The trading volume of USD/CNH FX Options was 13 thousand contracts (55 contracts in daily average), with a yoy decrease of 17%. The trading volume of USD/CNT FX Options was 109 thousand contracts (449 contracts in daily average), with a yoy decrease of 9%.

V. Offshore RMB Clearing Business

By the end of 2019, the RMB clearing amount of foreign clearing bank had totaled in RMB 348.17 trillion yuan with a yoy increase of 10%, among which the clearing amount on behalf of clients and for the interbank had been RMB 32.71 yuan and RMB 315.46 trillion yuan respectively, with each yoy increase respectively at 11.2% and 9.8%. By the end of 2019, 912 participating banks and other institutions had opened clearing accounts in foreign clearing banks, increasing by 2.9% yoy. In 2019, the RMB clearing amount conducted by Hong Kong Real Time Gross Settlement (RTGS) added up to RMB 266 trillion yuan and continued its highly growth with a yoy increase of 13.6%.

Box 9 Development of the Major Offshore RMB Markets outside Hong Kong SAR of China

The United Kingdom. In 2019, the UK offshore RMB market kept steady development and remained the largest offshore RMB clearing center outside Asia. In 2019, the daily trading volume of London offshore RMB averaged GBP 82 billion, increasing by 7.0% yoy. By the end of 2019, there were 110 undue RMB-denominated bonds in London Stock Exchange with the total stock amount of RMB 34.7 billion yuan and increasing 3% yoy. At the end of 2019, the outstanding deposits of London offshore RMB market reached 54.96 billion yuan, declining 4.1% yoy while the outstanding RMB loans went up 9.4% yoy with the total amount of RMB 53.85 billion yuan.

Singapore. In 2019, the trading volume of RMB in Singapore accounted for 4.66% of global RMB trading volume in total. The trading volume of USD/CNH Futures in SGX for the whole year exceeded USD 907 billion with a yoy growth of 76%, and daily trading volume averaged USD 3.67 billion with a yoy growth of 69%. By the end of 2019, there were 66 undue RMB-denominated bonds with total amounts of RMB 36 billion yuan in SGX. In 2019, 10 RMB-denominated bonds have been issued in Singapore with total amounts of RMB 4.2 billion yuan.

The United States. In 2019, the trading volume of RMB in the US remained as the 3rd among global major offshore markets, and its market share declined slightly to 7.8% from

8.5% in 2018, following the UK and Hong Kong SAR of China. The infrastructure for US offshore RMB market continued to improve, as well as the RMB recognition by the capital market.

Germany. *In 2019, more and more German enterprises used RMB for settlement in international trade, and German financial institutions actively participated in RMB business. By the end of 2019, 45 RMB participating banks in Germany have conducted RMB business via clearing banks. By the end of May 2020, 6 German banks have become the indirect participants of CIPS via local clearing banks. In January 2019, the joint statement of the 2nd China-Germany High Level Financial Dialogue reaffirmed that both sides welcomed and supported the development for the offshore RMB market in Frankfurt, and would promote RMB cross-border use between China and Germany.*

South Korea. *In 2019, the interbank trading volume of the RMB against KRW reached RMB 3.94 trillion yuan, with total transactions of 560 thousand and daily average trading volume of 16.025 billion yuan, about 33.6% more than 2018. By the end of 2019, RMB clearing banks in South Korea had opened 74 RMB clearing and settlement accounts for 71 financial institutions, covering all the local Korean banks, and the participating banks included a wide variety of institutions such as commercial banks, central banks, securities firms and non-banking institutions.*

The United Arab Emirates. *Since the establishment of the RMB clearing arrangements in 2016, the RMB business in the UAE has realized sound development with RMB business lines increasingly enriched. In 2019, the clearing amounts of RMB clearing banks in the UAE reached RMB 53.02 billion yuan in total, with a yoy increase of 8.1%. Abu Dhabi Investment Authority, the sovereign wealth fund of the UAE, and First Abu Dhabi Bank (FAB) which is the largest bank in the UAE, have invested in the CIBM. In 2019, the FAB issued 9 offshore RMB-denominated bonds with total amounts over RMB 2.5 billion yuan.*

PART FIVE
Prospect

The RMB internationalization is a market-driven process fundamentally. In recent years, the cross-border use of the RMB has been sustaining rapid growth and maintaining robust growth this year even under the impact of the COVID-19 that severely hit global trade, finance and economy. In the future, RMB internationalization will steadily progress with the orientation on market force and serving the real economy.

Firstly, the PBC will insist on market-orientation, explore on promoting higher level pilot program to facilitate trades and investments, and constantly remove restrictions on the cross-border use of the RMB home and abroad, with the purpose of creating a fair environment for RMB to compete with other major convertible currencies. Secondly, the PBC will continuously promote the opening-up of domestic financial markets and the interconnection of infrastructures, and further facilitate foreign investors to use RMB in investing domestic bonds and stocks. Thirdly, the PBC will promote the development for RMB offshore markets, including enhancing RMB convertibility and promoting interactions and deep integration of both offshore and onshore markets. Fourthly, the PBC will improve macro-prudential management by strengthening mechanism of monitoring, analysis and early warning for cross-border capital flows, as well as dedicating in counter-cyclical regulation for risk prevention of cross-border capital flows.

I. The Payment Function Continuously Enhanced

Under the current transfer of production capacity from domestic enterprises to neighboring countries, with further improvement of RMB cross-border policies, reforms from all aspects have been continuously pushed forward, and more market participants are expected accept RMB as settlement and payment currency, especially for those located either in neighboring countries or along B&R. The Free Trade Zone and the Guangdong-Hong Kong-Macao Greater Bay Area will become the driving force of the RMB cross-border payment.

II. The Investment and Financing Function Constantly Deepened

With increasing width and depth of China's financial market for two-way opening-up, further integration of different investment channels, and the continuously improvement of financial market infrastructure for interconnection with foreign countries, the allocation of RMB assets by foreign investors will be further facilitated, and domestic financial market transactions by foreign investors will be expected to keep growing rapidly.

III. The Reserve Function Further Highlighted

Since being included in the SDR, RMB has maintained a stable status in the international monetary system. China has constantly strengthened bilateral currency cooperation with other jurisdictions. The investment channels for foreign institutions to invest in domestic financial markets kept widening, investment agency services were continuously facilitated, and the market entry process were greatly streamlined. More foreign central banks and monetary authorities are expected to hold RMB as reserve assets.

IV. The Denomination Function to Develop Better

The function of RMB as a denominating currency for governments to publicize foreign-related statistics, accounting and administration has been further enhanced. More foreign traders are expected to join the crude oil, iron ores and other commodities futures and use the RMB more frequently in real commodity tradings. More varieties of RMB-denominated financial products will be provided.

V. The Bilateral Monetary Cooperation to Proceed Steadily

The PBC will continue to steadily push forward monetary cooperation with other central banks and monetary authorities globally, optimize the framework of currency cooperation, and make the bilateral currency cooperation play a more active role in facilitating bilateral trade and investment as well as in maintaining financial stability.

Box 10 Annually Market Survey on the RMB International Use

In 2019, the Bank of China conducted a market survey on RMB use by commercial enterprises and financial institutions from home and abroad with more than 3300 samples. The main conclusions are included as follows:

Firstly, RMB function as settlement currency has been consolidated. The survey showed that the proportion of foreign respondents using RMB for settlement had increased significantly. About 69% of the foreign industrial and commercial enterprise respondents planned to use RMB or further increase frequency of using RMB. This proportion peaked after 2016, close to its best shot historically.

Figure 5-1 Proportion of Foreign Industrial and Commercial Enterprises to Increase RMB Use

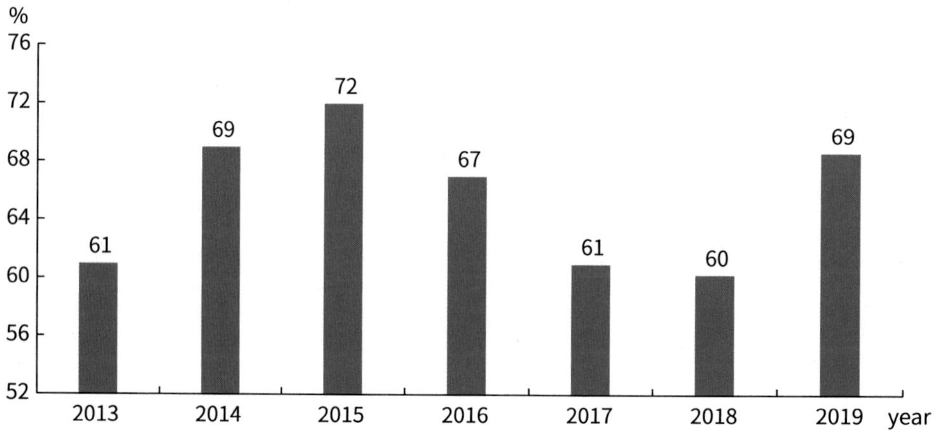

Source: Bank of China.

Secondly, the RMB's function for denominating has been brought into play. The survey results showed that the RMB's function for denominating had remained generally stable in recent years. Nearly 20% of domestic respondents stuck to using RMB for denominating while RMB exchange rate fluctuated and were able to avoid risk completely. The proportion of domestic enterprises using the RMB for denominating has remained stable for four consecutive years, indicating this function of the RMB improved relatively slowly. Due to various factors including trading habits, currency choices in settlement across the supply chain and supports from financial market, RMB function for denominating will inevitably experience the process from quantitative to qualitative change with long-term accumulation.

Figure 5-2 Proportion of Domestic Industrial and Commercial Enterprises Sticking to Using RMB for Denominating during FX Fluctuation

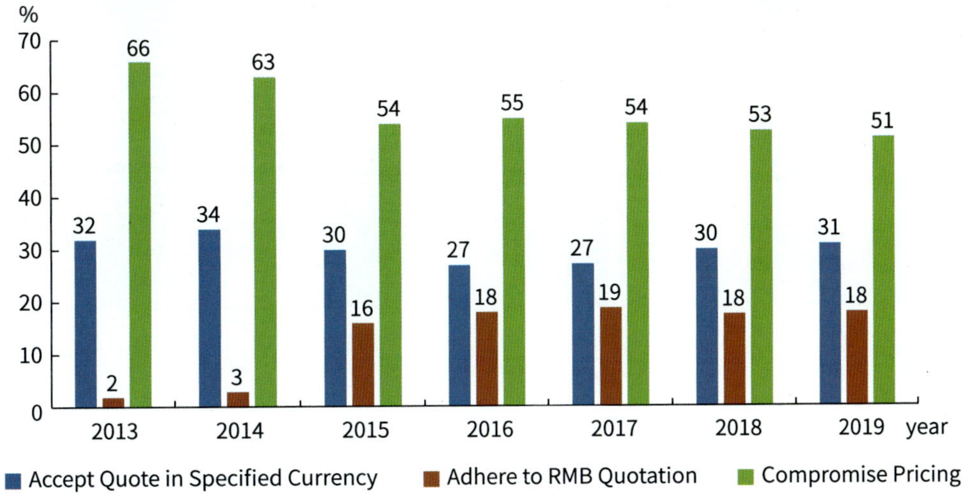

Source: Bank of China.

Thirdly, the attractiveness of RMB for financing gradually emerged. The survey revealed that about 82% of foreign industrial and commercial enterprise respondents said that they would consider using RMB for financing while encountering tight liquidity of international currencies such as USD and EUR. This ratio has come to a new high since 2016, indicating that the attractiveness of the RMB for international financing has gradually emerged. 75% of foreign industrial and commercial enterprise respondents would consider using RMB for trade financing in commercial intercourses with China. This indicated that the RMB function for international financing has been vigorously promoting trade facilitation and has played an active role in serving the real economy.

Figure 5-3 Proportion of Foreign Industrial and Commercial Enterprise Respondents Considering Using RMB for Financing in Case of Tight Liquidity of International Currency such as USD and EUR

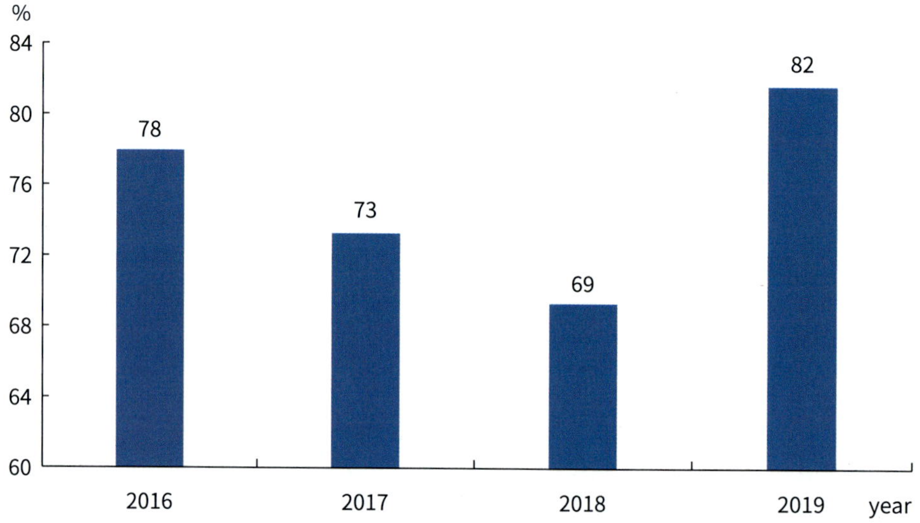

Source: Bank of China.

Fourthly, anticipation on the international currency status of RMB reached a new high. The survey showed that the anticipation of domestic and foreign industrial and commercial enterprise respondents on the international status of the RMB has been further improved compared with 2018. Furthermore, 80% of domestic and foreign industrial and commercial enterprise respondents anticipated the international status of RMB not inferior to that of JPY and GBP in the next decade, with three percentage points higher than the survey results in 2018. The proportion has risen for fourth consecutive year since 2016 with a new high record since the first market survey conducted in 2013.

Figure 5-4 Anticipation of Domestic and Foreign Industrial and Commercial Enterprises on the International Status of RMB

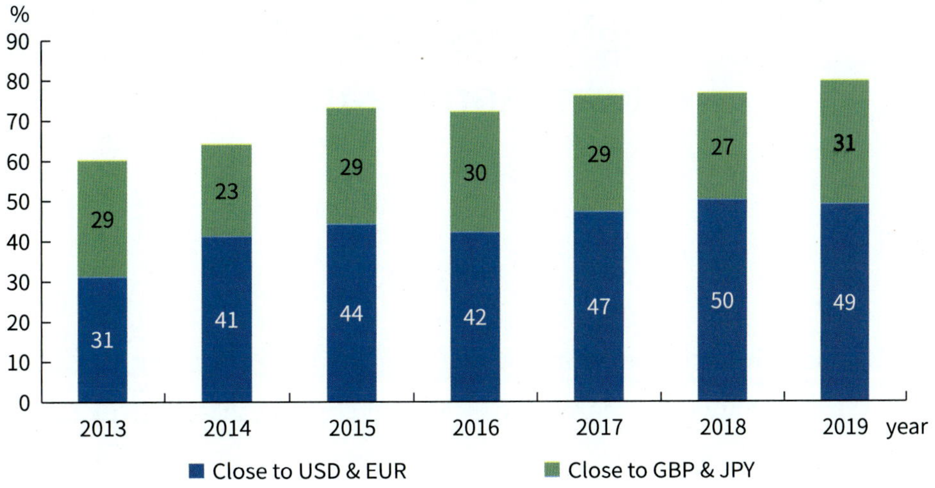

Source: Bank of China.

PART SIX

Highlights of RMB Internationalization

2009

On January 20, the PBC and the Monetary Authority of Hong Kong (HKMA) signed a bilateral local currency swap agreement of RMB 200 billion yuan/HKD 227 billion.

On February 8, the PBC and the Bank Negara Malaysia signed a bilateral local currency swap agreement of RMB 80 billion yuan/MYR 40 billion.

On March 11, the PBC and the National Bank of the Republic of Belarus signed a bilateral local currency swap agreement of RMB 20 billion yuan/BYR 8 trillion.

On March 23, the PBC and Bank Indonesia signed a bilateral local currency swap agreement of RMB 100 billion yuan/IDR 175 trillion.

On April 2, the PBC and the Central Bank of Argentina signed a bilateral local currency swap agreement of RMB 70 billion yuan/ARS 38 billion.

On April 20, the PBC and the Bank of Korea signed a bilateral local currency swap agreement of RMB 180 billion yuan/KRW 38 trillion.

On June 29, the PBC and the HKMA signed *the Supplementary Memorandum III* of Cooperation on the Pilot Program of RMB Settlement of Cross-border Trade Transactions between Mainland and Hong Kong.

On July 1, upon the approval of the State Council, the PBC, Ministry of Finance (MOF), Ministry of Commerce (MOFCOM), General Administration of Customs (GAC),

State *Administration of Taxation (SAT) and China Banking Regulatory Commission (CBRC) jointly issued the Administrative Rules on the Pilot Program of RMB Settlement of Cross-border Trade Transactions* (PBC, MOF, MOFCOM, GAC, SAT, CBRC Public Announcement [2009] No.10).

On July 3, the PBC and the Bank of China (Hong Kong) Ltd. signed the revised *RMB Clearing Agreement,* to support pilot program of RMB settlement of cross-border trade transactions.

On July 3, the PBC issued the *Regulations for Implementing the Administrative Rules of the Pilot Program of RMB Settlement of Cross-border Trade Transactions* (PBC Document [2009] No.212).

On July 6, the first transaction of RMB cross-border trade settlement was conducted in Shanghai. And the RMB Cross-border Payment Information Management System (RCPMIS) was put into operation.

On July 7, the pilot program of RMB settlement of cross-border trade transactions was launched in four cities of Guangdong.

On July 14, the PBC, MOF, MOFCOM, GAC, SAT and CBRC jointly issued the notice to the Shanghai municipal government and Guangdong provincial government the approval of Enterprises list for the *Pilot Program of RMB Settlement of Cross-border Trade Transactions* (PBC General Administration Reply letter [2009] No.472). The first batch of 365 enterprises was officially approved to conduct RMB Settlement of export transactions.

On September 10, the PBC and the SAT signed the *Memorandum on data and information transmission on the RMB settlement of cross-border trade transactions.*

On September 15, the MOF issued the first sovereign RMB-denominated bond in Hong Kong with the amount of RMB 6 billion yuan.

On December 22, the PBC issued *Questions & Answers on relevant policies of the pilot* *program of RMB settlement of cross-border trade transactions.*

2010

On February 11, the HKMA issued *Elucidation of Supervisory Principles and Operational Arrangements Regarding the RMB Business in Hong Kong.*

On March 8, the PBC issued the *Interim Administrative Rules for the RMB Cross-border Payment Management Information System* (PBC Document [2010] No.79).

On March 19, the PBC and the GAC signed the *Memorandum of Cooperation on the RMB Settlement of Cross-border Trade Transactions.*

On March 24, the PBC and the National Bank of the Republic of Belarus signed a bilateral local currency settlement arrangement.

On June 9, the PBC and the Central bank of Iceland signed a bilateral local currency swap agreement of RMB 3.5 billion yuan/ISK 66 billion.

On June 17, the PBC, MOF, MOFCOM, GAC, SAT and CBRC jointly issued the *Notice on Expanding the Pilot Program of RMB Settlement of Cross-border Trade Transactions,* to expand the scope of the pilot program (PBC Document [2010] No.186).

On July 19, the PBC and the HKMA signed the *Supplementary Memorandum IV* of Co-operation on the Pilot Program of RMB Settlement of Cross-border Trade Transactions. The PBC and BOC (Hong Kong) Ltd. signed the revised *RMB Clearing Agreement.*

On July 23, the PBC and the Monetary Authority of Singapore (MAS) signed a bilateral local currency swap agreement of RMB 150 billion yuan/SGD 30 billion.

On August 17, the PBC issued the *Notice Concerning the Pilot Program on Investment in the Interbank Bond Market with RMB Funds by Three Types of Institutions Including Overseas RMB Clearing Banks* (PBC Document [2010] No.217).

On August 19, with the authorization of the PBC, China Foreign Exchange Trade System (CFETS) announced that it would improve the trading mode of RMB against Malaysian ringgit and launch direct trading between the two currencies in the interbank foreign-exchange market.

On August 31, the PBC issued the *Administrative Rules for RMB Bank Settlement Accounts of Overseas Institutions* (PBC Document [2010] No.249).

On November 22, with the authorization of the PBC, China Foreign Exchange Trade System (CFETS) announced that it would improve the trading mode of yuan against Russian ruble and launch direct trading between the two currencies in interbank foreign-exchange market.

2011

On January 6, the PBC issued the *Administrative Rules for the Pilot Program of Settlement for RMB-denominated Outward Direct Investment* (PBC Public Announcement [2011] No.1), allowing banking institutions and enterprises in the pilot areas to conduct the RMB settlement of foreign direct investment transactions, and banking institutions to grant loans to overseas projects based on relative regulations.

On April 18, the PBC and the Reserve Bank of New Zealand signed a bilateral local currency swap agreement of RMB 25 billion yuan/NZD 5 billion.

On April 19, the PBC and the Central Bank of Republic of Uzbekistan signed a bilateral local currency swap agreement of RMB 700 million yuan/UZS 167 billion.

On May 6, the PBC and the Bank of Mongolia signed a bilateral local currency swap agreement of RMB 5 billion yuan/MNT 1 trillion.

On June 3, the PBC issued the *Notice on Specifying the Issues Relating to Cross-border RMB Business* (PBC Document [2011] No.145).

On June 9, fudian Bank of Kunming and the Public Bank of Laos jointly launched the over-the-counter trading between RMB and LAK.

On June 13, the PBC and the National Bank of Kazakhstan signed a bilateral local currency swap agreement of RMB 7 billion yuan/KZT 150 billion.

On June 23, the PBC and the Central Bank of Russian Federation renewed the agreement on Payment and Settlement, which extended the coverage of local currency settlement from transactions in the border areas to general trade transactions between the two countries.

On June 28, ICBC Guangxi Branch launched the trading of RMB against Vietnamese Dong, while BOC Xinjiang Branch launched the trading of RMB against Kazakhstan Tenge on the same day.

On June 30, Bank of Communications Qingdao Branch and Industrial Bank of Korea Qingdao Branch launched the over-the-counter (OTC) trading of RMB against Korea won.

On July 27, the PBC, MOF, MOFCOM, GAC, SAT and CBRC jointly issued the *Circular on Geographical Expansion of the RMB Settlement of Cross-border Trade Transactions* (PBC Document [2011] No.203). It expanded the program to the entire mainland China.

On October 13, the PBC issued the *Administrative Rules on Settlement of RMB-denominated Foreign Direct Investment* (PBC Public Announcement [2011] No.23).

On October 24, the PBC issued the *Guidelines on RMB Loans of Domestic Banking Institutions for Overseas Projects* (PBC Document [2011] No.255).

On October 26, the PBC and the Bank of Korea renewed the bilateral local currency swap arrangement, increasing its size from RMB 180 billion yuan/KRW 38 trillion to RMB 360 billion yuan/KRW 64 trillion.

On November 4, according to the principles and standards for RMB clearing bank in Hong Kong set by PBC Public Announcement [2003] No.16, the PBC authorized BOC

(Hong Kong) Ltd. to resume the role of the RMB clearing bank in Hong Kong (PBC Public Announcement [2011] No.25).

On November 22, the PBC and HKMA renewed the bilateral local currency swap agreement, increasing its size from RMB 200 billion yuan/HKD 227 billion to RMB 400 billion yuan/HKD 490 billion.

On December 16, the CSRC, PBC and SAFE jointly issued the *Measures on the Pilot Program for RQFII-licensed Fund Management Companies and Securities Companies' Domestic Securities Investments* (CSRC Decree No.76).

On December 22, the PBC and the Bank of Thailand signed a bilateral local currency swap agreement of RMB 70 billion yuan/THB 320 billion.

On December 23, the PBC and the State Bank of Pakistan signed a bilateral local currency swap agreement of RMB 10 billion yuan/PKR 140 billion.

On December 29, the direct trading of RMB against THB in the local interbank foreign-exchange market was launched in Yunnan Province, which was the first case of direct trading of RMB against regional currencies.

On December 31, the PBC issued the *Notice on the Implementation of the Measures for the Pilot Program Allowing Fund Management Companies and Securities Companies Approved as RMB Qualified Foreign Institutional Investors (RQFII) to Invest in the Domestic Securities Market* (PBC Document [2011] No.321).

2012

On January 17, the PBC and the Central Bank of the United Arab Emirates signed a bilateral local currency swap agreement of RMB 35 billion yuan/AED 20 billion.

On February 6, the PBC, MOF, MOFCOM, GAC, SAT and CBRC jointly issued the *Notice on Issues Concerning RMB Settlement of Goods Export by Domestic Enterprises* (PBC

Document [2012] No.23).

On February 8, the PBC and the Bank Negara Malaysia renewed the bilateral local currency swap agreement, increasing its size from RMB 80 billion yuan/MYR 40 billion to RMB 180 billion yuan/MYR 90 billion.

On February 21, the PBC and the Central Bank of the Republic of Turkey signed a bilateral currency swap agreement of RMB 10 billion/TRY 3 billion.

On March 20, the PBC and the Bank of Mongolia signed a supplemental bilateral local currency swap agreement, increasing its size from RMB 5 billion yuan/MNT 1 trillion to RMB 10 billion yuan/MNT 2 trillion.

On March 22, the PBC and the Reserve Bank of Australia signed a bilateral local currency swap agreement of RMB 200 billion yuan/AUD 30 billion.

On April 3, with the approval of the State Council, the RQFII quota for Hong Kong was increased by RMB 50 billion yuan.

On June 1, with the authorization of the PBC, the China Foreign Exchange Trade System (CFETS) announced that it would improve the trading mode between RMB against JPY and launch the direct trading between the two currencies in the Chinese interbank foreign-exchange market.

On June 26, the PBC and the National Bank of Ukraine signed a bilateral local currency swap agreement of RMB 15 billion yuan/UAH 19 billion.

On June 29, the PBC issued the *Circular of Specifying the Operational Rules for RMB Settlement in Foreign Direct Investments* (PBC Document [2012] No.165).

On July 31, the PBC issued the *Notice on the Issues Concerning the Opening and Using of RMB Settlement Account by Overseas Institutions* (PBC Document [2012] No.183).

On August 31, the PBC and the monetary authority of Taiwan signed the *Memorandum* *of Understanding on the Currency Clearing Cooperation across the Taiwan Straits.*

On September 24, the PBC and BOC Macau Branch renewed the *RMB Clearing Agreement.*

On November 13, with the approval of the State Council, the pilot quota for RQFII in Hong Kong was increased by RMB 200 billion yuan.

On December 11, the PBC authorized BOC Taipei Branch to serve as the RMB clearing bank in Taiwan.

2013

On January 25, the PBC and Taipei Branch of BOC signed the *RMB Clearing Agreement.*

On February 8, the PBC authorized the Singapore Branch of ICBC to serve as the RMB clearing bank in Singapore, and the two parties signed the *RMB Clearing Agreement* in April.

On March 1, the CSRC, PBC and SAFE jointly issued the *Measures on the Pilot Program of Securities Investment in China by RMB Qualified Foreign Institutional Investors* (CSRC Decree No.90).

On March 7, the PBC and the Monetary Authority of Singapore (MAS) renewed the bilateral local currency swap agreement of RMB 300 billion yuan/SGD 60 billion.

On March 13, the PBC issued the *Notice on the Issues Regarding Investment in the Interbank Bond Market by Qualified Foreign Institutional Investors* (PBC Document [2013] No.69).

On March 26, the PBC and the Central Bank of Brazil signed a bilateral local currency swap agreement of RMB 190 billion yuan/BRL 60 billion.

On April 10, with the authorization of the PBC, the China Foreign Exchange Trade System (CFETS) announced that it would improve the trading mode between RMB against Australian dollar and launch direct trading between the two currencies in the interbank foreign-exchange market.

On April 25, the PBC issued the *Notice on the Issues Concerning the Implementation of the Measures for the Pilot Program of Securities Investment in China by RMB Qualified Foreign Institutional Investors* (PBC Document [2013] No.105).

On June 21, the *Cross-Strait Service Trade Agreement* (the Agreement) was signed by both sides of the Taiwan Strait. According to the Agreement, Taiwan-funded financial institutions would be allowed to invest in Mainland capital market with an investment quota of RMB 100 billion yuan.

On June 22, the PBC and the Bank of England signed a bilateral local currency swap agreement of RMB 200 billion yuan/GBP 20 billion.

On July 9, the PBC issued the *Notice on Simplifying the Procedures for Cross-border RMB Services and Improving Relevant Policies* (PBC Document [2013] No.168).

On August 23, the General Administration Department of the PBC issued the *Notice on Improving the Information Reporting Procedures of the RMB Cross-border Payment Management Information System (RCPMIS)* (PBC General Administration Department Document [2013] No.188).

On September 9, the PBC and the Magyar Nemzeti Bank (Hungarian National Bank) signed a bilateral local currency swap agreement of RMB 10 billion yuan/HUF 375 billion .

On September 11, the PBC and the Central Bank of Iceland renewed the bilateral local currency swap agreement of RMB 3.5 billion yuan/ISK 66 billion.

On September 12, the PBC and the Bank of Albania signed a bilateral local currency swap agreement of RMB 2 billion yuan/ALL 35.8 billion.

On September 23, the PBC issued the *Notice on the Issues Concerning the RMB Settlement for Investment in Domestic Financial Institutions by Overseas Investors* (PBC Document [2013] No.225).

On October 1, the PBC and Bank of Indonesia renewed the bilateral local currency swap agreement of RMB 100 billion yuan/IDR 175 trillion.

On October 8, the PBC and the European Central Bank signed a bilateral local currency swap agreement of RMB 350 billion yuan/EUR 45 billion.

On October 15, at the 5th China-UK Economic and Financial Dialogues, China announced the RQFII program for UK with the quota of RMB 80 billion yuan.

On October 22, at the 10th meeting of the Sino-Singapore Joint Council for Bilateral Cooperation, China announced the RQFII program for Singapore with the quota of RMB 50 billion yuan.

On December 31, the PBC released the *Notice on Adjusting the Administration of RMB Sales and Purchases* (PBC Document [2013] No.321).

2014

On March 14, the PBC, MOF, MOFCOM, GAC, SAT and CBRC jointly issued the *Notice on Simplifying the Procedures Concerning the RMB Settlement of Goods Export by Domestic Enterprises* (PBC Document [2014] No.80).

On March 19, with the authorization of PBC, the China Foreign Exchange Trade System (CFETS) announced that it would improve the trading mode between RMB and New Zealand dollar and launch direct exchange between the two currencies in the interbank foreign-exchange market.

On March 26, China and France jointly announced that China would extend its RQFII program to France with the quota of RMB 80 billion yuan.

On March 28, the PBC and Deutsche Bundesbank signed the *Memorandum of Understanding* on establishing RMB clearing arrangements in Frankfurt.

On March 31, the PBC and Bank of England signed the *Memorandum of Understanding* on establishing RMB clearing arrangements in London.

On April 25, the PBC and Reserve Bank of New Zealand renewed the bilateral local currency swap agreement of RMB 25 billion yuan/NZD 5 billion.

On June 11, the PBC issued the *Guidelines on Implementation of Opinions of the State Council General Office on Supporting the Stable Growth of Foreign Trade* (PBC Document [2014] No.168).

On June 17, the PBC authorized China Construction Bank (London) Ltd. to serve as the RMB clearing bank in London.

On June 18, the PBC authorized the Frankfurt Branch of BOC to serve as the RMB clearing bank in Frankfurt.

On June 19, with the authorization of the PBC, the China Foreign Exchange Trade System (CFETS) announced that it would improve the trading mode between RMB and GBP and launch direct exchange between the two currencies in the interbank foreign-exchange market.

On June 28, the PBC and the central bank of France signed the *Memorandum of Understanding* on establishing RMB clearing arrangements in Paris. The PBC and Central Bank of Luxembourg signed the Memorandum of Understanding on establishing RMB clearing arrangements in Luxembourg.

On July 3, the PBC and Bank of Korea signed the *Memorandum of Understanding* on establishing RMB clearing arrangements in Seoul. China declared to grant the Republic of Korea an RQFII investment quota of RMB 80 billion yuan.

On July 4, the PBC authorized the Seoul Branch of Bank of Communications to serve as the RMB clearing bank in Seoul.

On July 7, during German Chancellor Merkel's visit to China, Premier Li Keqiang announced that China would extend its RQFII program to Germany, with the quota of RMB 80 billion yuan.

On July 18, the PBC and the Central Bank of Argentina renewed the bilateral local currency swap agreement of RMB 70 billion yuan/ARS 90 billion.

On July 21, the PBC and Swiss National Bank signed a bilateral local currency swap agreement of RMB 150 billion yuan/CHF 21 billion.

On August 21, the PBC and Bank of Mongolia renewed the bilateral local currency swap agreement of RMB 15 billion yuan/MNT 4.5 trillion.

On September 5, the PBC authorized the Paris Branch of BOC to serve as the RMB clearing bank in Paris, and the Luxembourg Branch of ICBC to serve as the RMB clearing bank in Luxembourg.

On September 16, the PBC and the Central Bank of Sri Lanka signed a bilateral local currency swap agreement of RMB 10 billion yuan/LKR 225 billion.

On September 28, the PBC issued the *Notice on Cross-border RMB Settlement of RMB-denominated Debt Financing Instruments issued by Overseas Institutions in China* (PBC General Administration Document [2014] No.221).

On September 30, with the authorization of the PBC, the China Foreign Exchange Trade System (CFETS) announced that it would improve the trading mode between RMB and Euro and launch direct trading between the two currencies on the interbank foreign-exchange market.

On October 11, the PBC and Bank of Korea renewed the bilateral local currency swap agreement of RMB 360 billion yuan/KRW 64 trillion.

On October 13, the PBC and the Central Bank of Russia signed a bilateral local currency swap agreement of RMB 150 billion yuan/RUB 815 billion.

On November 1, the PBC issued the *Notice Concerning Centralized Cross-border RMB Fund Operation Conducted by Multinational Corporations* (PBC Document [2014] No.324).

On November 3, the PBC and Qatar Central Bank signed the *Memorandum of Understanding* on establishing RMB clearing arrangements in Doha, and signed a bilateral local currency swap agreement of RMB 35 billion yuan/QAR 20.8 billion. China announced the RQFII program for Qatar with a quota of RMB 30 billion yuan.

On November 4, the PBC authorized the Doha Branch of ICBC to serve as the RMB clearing bank in Doha.

On November 4, the PBC and CSRC jointly issued the *Notice on the Pilot Program of the Shanghai-Hong Kong Stock Connecting Scheme* (PBC Document [2014] No.336).

On November 5, the PBC issued the *Notice on the Issues Concerning the Overseas Securities Investment by RMB Qualified Domestic Institutional Investors* (PBC Document [2014] No.331).

On November 8, the PBC and Bank of Canada signed the *Memorandum of Understanding* on establishing RMB clearing arrangements in Canada, and signed a bilateral local currency swap agreement of RMB 200 billion yuan/CAD 30 billion. China announced the RQFII program for Canada with a quota of RMB 50 billion yuan. On November 9, the PBC authorized ICBC (Canada) Ltd. to serve as the RMB clearing bank in Toronto.

On November 10, the PBC and Central Bank of Malaysia signed the *Memorandum of Understanding* on establishing the RMB clearing arrangements in Kuala Lumpur.

On November 17, the PBC and Reserve Bank of Australia signed the *Memorandum of Understanding* on establishing RMB clearing arrangements in Australia. China declared to grant Australia an RQFII investment quota of RMB 50 billion yuan. On November

18, the PBC authorized the Sydney Branch of BOC to serve as the RMB clearing bank in Sydney.

On November 22, the PBC and HKMA renewed the bilateral local currency swap agreement of RMB 400 billion yuan/HKD 505 billion.

On December 14, the PBC and the National Bank of Kazakhstan renewed the bilateral local currency swap agreement of RMB 7 billion yuan/KZT 200 billion.

On December 15, with the authorization of the PBC, the China Foreign Exchange Trade System (CFETS) announced that it would launch direct trading between RMB and KZT in the local interbank foreign-exchange market.

On December 22, the PBC and Bank of Thailand signed the *Memorandum of Understanding* on establishing RMB clearing arrangements in Thailand. PBC and Bank of Thailand renewed the bilateral local currency swap agreement of RMB 70 billion yuan/THB 370 billion.

On December 23, the PBC and State Bank of Pakistan renewed the bilateral local currency swap agreement of RMB 10 billion yuan/PKR 165 billion.

2015

On January 5, the PBC authorized BOC (Malaysia) Ltd. and ICBC(Thailand) Ltd. to serve as the RMB clearing bank in Kuala Lumpur and Bangkok respectively.

On January 21, the PBC and Swiss National Bank signed the Memorandum of Understanding on establishing RMB clearing arrangements in Switzerland, granting Switzerland an RQFII investment quota of RMB 50 billion yuan.

On March 18, the PBC and the Central Bank of Suriname signed a bilateral local currency swap agreement of RMB 1 billion yuan/SRD 520 million.

On March 25, the PBC and the Central Bank of Armenia signed a bilateral local currency swap agreement of RMB 1 billion yuan/AMD 77 billion.

On March 30, the PBC and the Reserve Bank of Australia renewed the bilateral local currency swap agreement of RMB 200 billion yuan/AUD 40 billion.

On April 10, the PBC and the South African Reserve Bank signed a bilateral local currency swap agreement of RMB 30 billion yuan/ZAR 54 billion.

On April 17, the PBC and the Bank Negara Malaysia renewed the bilateral local currency swap agreement of RMB 180 billion yuan/MYR 90 billion.

On April 29, the pilot area of RQFII was expanded to Luxembourg with an investment quota of RMB 50 billion yuan.

On May 10, the PBC and the National Bank of the Republic of Belarus renewed the bilateral local currency swap agreement of RMB 7 billion yuan/ BYR 16 trillion.

On May 15, the PBC and the National Bank of Ukraine renewed the bilateral local currency swap agreement of RMB 15 billion yuan/UAH 54 billion.

On May 25, the PBC and the Central Bank of Chile signed a Memorandum of Understanding on establishing RMB clearing arrangements in Chile and a bilateral local currency swap agreement of RMB 22 billion yuan/CLP 2.2 trillion. China declared to grant Chile an RQFII investment quota of RMB 50 billion yuan. On the same day, the PBC authorized the China Construction Bank's Chile Branch to serve as the RMB clearing bank in Chile.

On June 1, the PBC issued the *Notice of the People's Bank of China on Issues Concerning the Repo Operation of Foreign RMB Clearing Banks and Foreign RMB Participant Banks in the Interbank bond Market* (PBC Document [2015] No.170).

On June 11, the PBC released *RMB Internationalization Report (2015).*

On June 27, the PBC and the Central Bank of Hungary signed the *Memorandum of Understanding* on establishing RMB clearing arrangements in Hungary and the *Agency Agreement of Investment for the PBC to Manage the MNB's Investment in China Interbank Bond Market.* On the same day, the two parties also agreed to include Hungary in the pilot RQFII program with an investment quota of RMB 50 billion yuan.

On June 28, the PBC authorized Hungary branch of BOC to serve as the RMB clearing bank in Hungary.

On July 7, the PBC and the South African Reserve Bank signed the *Memorandum of Understanding* on establishing RMB clearing arrangements in South Africa.

On July 8, the PBC authorized the Johannesburg Branch of BOC to serve as the RMB clearing bank in South Africa.

On July 14, the PBC issued the *Notice of the People's bank of China on Issues Concerning Investment of Foreign Central Banks, International Financial Institutions and Sovereign Wealth Funds with RMB Funds in the Interbank Market* (PBC Document [2015] No.220). The regulation simplified the procedures of foreign central banks, international financial institutions and sovereign wealth funds' access to the interbank market and the investment quota limit on these entities was removed. These entities could freely choose the PBC or settlement agent of the interbank market to serve as their agents for trading and settlement and more instruments were available for them to invest.

On July 24, the PBC released an announcement on *Issues Concerning RMB Cross-border Settlement of Crude Oil Futures Trading on Onshore Market* (PBC Public Announcement [2015] No.19). It regarded RMB as the invoicing and settlement currency for domestic crude oil futures, overseas traders and brokers were allowed to participate in Chinese crude oil futures trading.

On August 11, the PBC released a statement on *Improving the Quotation Mechanism of Central Parity between the RMB against the USD*. Since August 11, 2015, before the opening quotation of the Interbank foreign-exchange market, market makers make offers to China Foreign Exchange Trading Center referencing the closing exchange rate in the Interbank foreign-exchange market on the previous day, the condition of foreign exchange supply and demand along with changes in the exchange rate of major international currencies comprehensively.

On September 3, the PBC and the Central Bank of Tajikistan signed a bilateral local currency swap agreement of RMB 3 billion yuan/Somoni 3 billion.

On September 7, the PBC issued the *Notice on Further Facilitating Multinational Conglomerates in Conducting Two-way Cross-border RMB Cash Pooling Business* (PBC Document [2015] No.279).

On September 17, the PBC and the Central Bank of *Argentina signed the Memorandum of Understanding* on establishing RMB clearing arrangements in Argentina.

On September 18, the PBC authorized ICBC(Argentina) Ltd. to serve as the RMB clearing bank in Argentina.

On September 21, the PBC approved HSBC (Hong Kong and Shanghai Banking Corporation) and BOC (Hong Kong) Ltd. to issue financial bonds in the interbank bond market. This was the first time that the international commercial banks were permitted to issue RMB-denominated bonds in interbank bond market.

On September 26, the PBC and the Central Bank of the Republic of Turkey renewed the bilateral local currency swap agreement of RMB 12 billion yuan/Lira 5 billion.

On September 27, the PBC and the National Bank of Georgia signed the bilateral local currency swap framework agreement.

On September 29, the PBC and the Central Bank of Zambia signed the *Memorandum of Understanding* on establishing RMB clearing arrangements in Zambia. On September 30, The PBC authorized the Bank of China (Zambia) Limited to serve as the RMB clearing bank in Zambia.

On September 29, the PBC and the National Bank of the Kyrgyz Republic signed an agreement of intention on strengthening cooperation.

On September 30, the PBC released the PBC Public Announcement [2015] No.31. Foreign central banks (monetary authorities), other official reserve management organizations, international financial institutions and sovereign wealth fund were allowed to trade in the Chinese interbank foreign-exchange market.

On October 8, the CIPS (Phase one) was launched successfully.

On October 20, the PBC issued RMB 5 billion yuan of 1-year central bank bills in London in way of book-building, with a 3.1% coupon rate. This was the first time for PBC issuing RMB-denominated central bank bills outside mainland China.

On October 20, the PBC and the Bank of England renewed the bilateral local currency swap agreement of RMB 350 billion yuan/GBP 35 billion.

On November 2, the General Administration Department of the PBC issued the *Notice on Foreign Central Bank-Type Institutions to open the RMB Settlement Account in Domestic Banking Financial Institutions* (PBC General Administration Department Document [2015] No.227). It facilitated foreign central banks(monetary authorities), other official reserve management organizations, international financial institutions, and sovereign wealth funds to conduct relative business onshore.

On November 6, the PBC and SAFE released the *Operational Guideline for Funds Management in Cross-border Issuance and Sales of Mainland and Hong Kong Securities Investment Funds* (The PBC SAFE Public Announcement [2015] No.36).

On November 9, the PBC authorized the CFETS to conduct direct trading between RMB and Swiss franc in the interbank foreign-exchange market.

On November 18, China-Europe International Exchange Co.,Ltd. held its establishment ceremony, and launched the first batch of RMB-denominated spot security products.

On November 23, the pilot program of RQFII was extended to Malaysia with an investment quota of RMB 50 billion yuan.

On November 25, the first batch of foreign central banks finished filing with CFETS and accessed the Chinese interbank foreign-exchange market.

On November 27, NAFMII accepted the registration of the Province of British Columbia of Canada to issue RMB 6 billion yuan RMB-denominated sovereign bonds in the Chinese interbank bond market.

On November 30, the Executive Board of IMF decided to include RMB into the currency basket of the SDR as a fifth currency along with the U.S. dollar, the euro, the Japanese yen, and the British pound. The weight of the RMB in the SDR basket is 10.92%. The new basket will become effective on October 1, 2016. On the same day, the PBC authorized the Zurich branch of CCB to serve as the RMB clearing bank in Swiss.

On December 7, NAFMII accepted the registration of the Republic of Korea to issue RMB 3 billion yuan RMB-denominated sovereign bonds on the Chinese Interbank bond market.

On December 14, the PBC and the Central Bank of United Arab Emirates signed a bilateral local currency swap agreement of RMB 35 billion yuan/UAE Diram 20 billion. On the same day, the two parties signed the *Memorandum of Understanding* on establishing RMB clearing arrangements in UAE. The PBC agreed to expand the pilot program of RQFII to UAE, with an investment quota of RMB 50 billion yuan.

On December 17, the pilot program of RQFII was expanded to Thailand, with an investment quota of RMB 50 billion yuan.

2016

On January 20, the General Administration Department of the PBC issued the *Notice on usage of funds on Overseas Institutions' RMB Bank Settlement Accounts* (PBC General

Administration Department Document [2016] No.15).

On January 22, the PBC issued the Notice on Expanding the *Pilot Program of Cross-border Financing Macroprudential Management* (PBC Document [2016] No.18).

On February 24, the PBC released an announcement on *Issues Regarding Investment in the interbank Bond Market by Overseas Institutional Investors* (PBC Public Announcement [2016] No.3).

On March 7, the PBC and the Monetary Authority of Singapore(MAS) renewed the bilateral local currency swap agreement of RMB 300 billion yuan/SGD 64 billion, and the period of validity is 3 years.

On April 29, the PBC issued the *Notice on Implementing Nationally the Macroprudential Management of Cross-border Financing* (PBC Document [2016] No.132).

On May 11, the PBC and the Central Bank of Morocco signed a bilateral local currency swap agreement of RMB 10 billion yuan/MAD 15 billion.

On June 7, the PBC and the Federal Reserve Board signed the Memorandum of Understanding on establishing RMB clearing arrangements in the United States. China declared to grant the U.S. an RQFII investment quota of RMB 250 billion yuan.

On June 17, the PBC and the Central Bank of the Republic of Serbia signed a bilateral local currency swap agreement of RMB 1.5 billion yuan/RSD 27 billion, and the period of validity is 3 years.

On June 20, with the authorization of the PBC, the China Foreign Exchange Trade System (CFETS) announced that it would improve the trading mode between RMB and South African Rand and launch direct trading between the two currencies on the interbank foreign-exchange market.

On June 25, the PBC and the Central Bank of the Russian Federation signed the Memorandum of Understanding on establishing RMB clearing arrangements in the

Russian Federation.

On June 27, with the authorization of the PBC, the China Foreign Exchange Trade System (CFETS) announced that it would improve the trading mode between RMB and South-Korean Won and launch direct trading between the two currencies on the interbank foreign-exchange market.

On July 11, the Bank of China (Hong Kong) linked to CIPS as a direct participant, becoming the first overseas direct participant. On the same day, the China Citic Bank, Bank of Shanghai, China Guangfa Bank, Bank of Jiangsu, Bank of Tokyo-Mitsubishi UFJ (China), Mizuho Bank (China), Hang Seng Bank (China) linked to CIPS as direct participants. The number of direct participants of CIPS has increased to 27.

On August 10, the General Administration Department of the PBC issued *the Reply Letter on Issues Concerning the Republic of Poland Issues RMB-denominated Bonds of RMB on the Interbank Bond Market*, approved the Republic of Poland's application on issuing RMB-denominated bonds on the inter-bank bond market (PBC General Administration Department Letter [2016] No.378).

On August 30, the PBC and SAFE issued *the Notice on Issues Concerning the Domestic Security Investment and Management by Renminbi Qualified Foreign Institutional Investors* (PBC Document [2016] No.227).

On September 12, the PBC and the Central Bank of Hungary renewed the bilateral local currency swap agreement of RMB 10 billion yuan/ HUF 416 billion, and the period of validity is 3 years.

On September 20, the PBC issued an announcement, which authorized the Bank of China (New York) Limited to serve as the RMB clearing bank in America (PBC Public Announcement [2016] No.23).

On September 23, the PBC issued an announcement, which authorized the Industrial and Commercial Bank of China (Moscow) Limited to serve as the RMB clearing bank in Russia (PBC Public Announcement [2016] No.24).

On September 26, the PBC authorized the CFETS to conduct direct trading between RMB and Saudi Riyal in the interbank foreign-exchange market.

On September 26, the PBC authorized the CFETS to conduct direct trading between RMB and UAE Dirham in the interbank foreign-exchange market.

On September 27, the PBC and the European Central Bank signed a supplemental agreement, which extending the validity of bilateral local currency swap agreement for 3 years to Oct. 8, 2019. The size is remain RMB 350 billion yuan/EUR 45 billion.

On November 4, the PBC and CSRC issued *the Notice on the Program of the Shanghai, Shenzhen and Hong Kong Stock Connect Scheme* (PBC Document [2016] No. 282).

On December 5, the Shenzhen-Hong Kong Stock Connect Scheme officially launched.

On November 14, with the authorization of the PBC, CFETS announced that it would improve the trading mode between RMB and Canadian Dollar and launch direct trading between the two currencies in the interbank foreign-exchange market.

On November 29, the PBC issued the *Notice on Further Clarifying Relevant Issues Concerning the Overseas Renminbi Lending Business of Domestic Enterprises* (PBC Document [2016] No.306).

On December 6, the PBC and the Central Bank of Egypt signed a bilateral local currency swap agreement of RMB 18 billion yuan/EGP 47 billion, the period of validity is 3 years.

On December 9, the PBC issued an announcement, which authorized the Agriculture Bank of China (Dubai) Limited to serve as the RMB clearing bank in UAE (PBC Public Announcement [2016] No.30).

On December 12, the PBC authorized the CFETS to conduct direct trading between RMB and Mexican Peso in the interbank foreign-exchange market.

On December 12, the PBC authorized the CFETS to conduct direct trading between RMB and Turkish Lira in the interbank foreign-exchange market.

On December 12, the PBC authorized the CFETS to conduct direct trading between RMB and Polish Zloty in the interbank foreign-exchange market.

On December 12, the PBC authorized the CFETS to conduct direct trading between RMB and Danish Krone in the interbank foreign-exchange market.

On December 12, the PBC authorized the CFETS to conduct direct trading between RMB and Hungary Forint in the interbank foreign-exchange market.

On December 12, the PBC authorized the CFETS to conduct direct trading between RMB and Norwegian Krone in the interbank foreign-exchange market.

On December 12, the PBC authorized the CFETS to conduct direct trading between RMB and Swedish Krone in the interbank foreign-exchange market.

On December 21, the PBC and the Central Bank of Iceland renewed the bilateral local currency swap agreement of RMB 3.5 billion yuan/ISK 66 billion, and the period of validity is 3 years.

On December 26, the General Administration Department of the PBC issued *the Notice on Cross-border Renminbi Settlement of Renminbi-denominated Debt Financing Instruments issued by Overseas Institutions in China* (PBC General Administration Department Document [2016] No.258).

2017

On January 13, the PBC issued the *Notice on Issues Concerning the Macroprudential Management of Overall Cross-Border Financing* (PBC Document [2017] No. 9).

On March 20, the PBC and Bank of China New York Branch signed *the RMB Clearing*

Agreement.

On March 20, the PBC and Industrial and Commercial Bank of China (Moscow) Limited signed *the RMB Clearing Agreement.*

On March 20, the PBC and Agriculture Bank of China Dubai Branch signed *the RMB Clearing Agreement.*

On May 19, the PBC and the Central Bank of New Zealand renewed the bilateral local currency swap agreement of RMB 25 billion yuan/NZD 5 billion, and the period of validity is 3 years.

On May 23, the PBC issued *the Notice on Issuing the Regulation Related on RMB Cross-border Payment Management Information System (RCPMIS)* (PBC Document [2017] No. 126).

On May 27, the General Administration Department of the PBC issued *the Notice on Improving the Interbank Transaction Information Reporting Procedures of the Renminbi Cross-border Payment Management Information System* (PBC General Administration Department Document [2017] No.118).

On June 29, the PBC and Bank of China (Hong Kong) Limited renewed *the RMB Clearing Agreement.*

On July 4, with the approval of the State Council, the quota of Hong Kong's RQFII will be expanded to RMB 500 billion yuan.

On July 6, the PBC and the Bank of Mongolia renewed the bilateral local currency swap agreement of RMB 15 billion yuan/MNT 5.4 trillion, and the period of validity is 3 years.

On July 18, the PBC and the Central Bank of Argentina renewed the bilateral local currency swap agreement of RMB 70 billion/ARS 175 billion, and the period of validity is 3 years.

On July 21, the PBC and the Swiss National Bank renewed the bilateral local currency swap agreement of RMB 150 billion yuan/CHF 21 billion, and the period of validity is 3 years.

On August 11, with the authorization of the PBC, the China Foreign Exchange Trade System (CFETS) may conduct direct trading between RMB and Mongolia MNT in the interbank foreign-exchange market.

On September 13, with the authorization of the PBC, the China Foreign Exchange Trade System (CFETS) may conduct direct trading between RMB and Cambodia KHR in the interbank foreign-exchange market.

On September 21, the PBC and Bank of China Macau branch renewed *the RMB Clearing Agreement.*

On October 11, the PBC and the Bank of Korea renewed the bilateral local currency swap agreement of RMB 360 billion/KRW 64 trillion, and the period of validity is 3 years.

On November 2, the PBC and the Qatar Central Bank renewed the bilateral local currency swap agreement of RMB 35 billion/QAR 20.8 billion, and the period of validity is 3 years.

On November 8, the PBC and the Bank of Canada renewed the bilateral local currency swap agreement of RMB 200 billion/CAD 30 billion, and the period of validity is 3 years.

On November 22, the PBC and the Monetary Authority of Hong Kong renewed the bilateral local currency swap agreement of RMB 400 billion/HKD 470 billion , and the period of validity is 3 years.

On November 22, the PBC and the Central Bank of Russian Federation renewed the bilateral local currency swap agreement of RMB 150 billion/RUB 1,325 billion, and the period of validity is 3 years.

On December 22, the PBC and the Bank of Thailand renewed the bilateral local currency swap agreement of RMB 70 billion/THB 370 billion, and the period of validity is 3 years.

2018

On January 4, the PBC and Taipei Branch of Bank of China renewed the RMB clearing agreement.

On January 5, the PBC issued the *Notice on Further Improving Policies for Cross-border RMB Business to Facilitate Trade and Investment* (PBC Document [2018] No. 3), clarifying that all cross-border business allowed by law to be settled with foreign exchange could also be settled with RMB by enterprises.

On January 5, CFETS issued the *Notice on the Arrangements for Overseas Banks to Participate in Interbank FX Market Regional Trading*, allowing qualified overseas banks to participate in interbank FX market regional trading.

On February 9, the PBC authorized the J.P. Morgan Chase & Co. to serve as the RMB clearing bank in USA.

On March 26, the RMB Cross-border Interbank Payment (CIPS) phase II was launched for pilot operation.

On March 26, the Crude Oil Futures Contract denominated in RMB was listed for trading on Shanghai International Energy Exchange.

On March 30, the PBC and the Reserve Bank of Australia renewed the bilateral local currency swap agreement of RMB 200 billion yuan/AUD 40 billion.

On April 3, the PBC and the Central Bank of Albania renewed the bilateral local currency swap agreement of RMB 2 billion yuan/ALL 34.2 billion.

On April 11, the PBC and the South African Reserve Bank renewed the bilateral local currency swap agreement of RMB 30 billion yuan/ZAR 54 billion.

On April 20, to further regulate overseas security investment by RMB qualified domestic institutional investors, the General Administration Department of the PBC issued the *Notice on Further Clarifying the Rules on Overseas Security Investment by RMB Qualified Domestic Institutional Investors* (PBC General Administration Department Document [2018] No.81).

On April 27, the PBC and the Central Bank of Nigeria signed a bilateral local currency swap agreement of RMB 15 billion yuan/NGN 720 billion.

On May 1, the daily quotas under both Shanghai-Hong Kong Stock Connect and Shenzhen-Hong Kong Stock Connect were expanded four times, in which the daily quota for each of the northbound trading links were adjusted to RMB 52 billion yuan from RMB 13 billion yuan, the daily quota for each of the southbound trading links were adjusted to RMB 42 billion yuan from RMB 10.5 billion yuan.

On May 2, CIPS phase II was fully launched, with eligible direct participants engaged online simultaneously.

On May 4, the foreign investors were formally introduced into domestic RMB-denominated iron ore futures trading in Dalian Commodity Exchange.

On May 9, the pilot area of RMB qualified foreign institutional investors expanded to Japan, with a quota of RMB 200 billion yuan.

On May 10, the PBC and the National Bank of the Republic of Belarus renewed the bilateral local currency swap agreement of RMB 7 billion yuan/ BYR 2.22 billion.

On May 16, in order to further improve cross-border capital flow, and advance the opening-up of China's financial market, the General Administration Department of the PBC issued the *Notice on Further Perfecting the Management of Cross-border Capital Flow to Support the Opening-up in Financial Market* (PBC General Administration

Department Document [2018] No.96).

On May 23, the PBC and the State Bank of Pakistan renewed the bilateral local currency swap agreement of RMB 20 billion yuan/ PKR 351 billion.

On May 25, the PBC and the Central Bank of Chile renewed the bilateral local currency swap agreement of RMB 22 billion yuan/CLP 2200 billion.

On May 28, the PBC and the National Bank of Kazakhstan renewed the bilateral local currency swap agreement of RMB 7 billion yuan/KZT 350 billion.

On June 1, the Chinese A-share was formally included in MSCI Emerging Markets Index and Global Standard Index, which was conductive to attracting overseas investors to allocate assets on RMB share .

On June 11, in order to regulate the investment in domestic security market by RMB qualified foreign institutional investors, the PBC and SAFE jointly issued the *Notice on the Rules of Domestic Security Investment by RMB Qualified Foreign Institutional Investors* (PBC Document [2018] No.157).

On June 13, to perfect the management of RMB purchases and sales businesses, the PBC issued the *Notice on Improving the Management of RMB Purchases and Sales Businesses* (PBC Document [2018] No.159), expanding the scope of purchases and sales businesses to securities investment.

On August 20, the PBC and the Bank Negara Malaysia renewed the bilateral local currency swap agreement of RMB 180 billion yuan/MYR 110 billion.

On September 3, CFETS formally introduced the Industrial and Commercial Bank of China (Almaty) and ICBC Standard Bank Plc. to participate in domestic interbank FX market for the regional trading of RMB against KZT, and extended trading hour for RMB against KZT regional trading from 10:30-16:30 to 10:30-19:00 (Beijing time, GMT+8).

On September 8, in order to promote the opening up of domestic interbank bond market, regulate foreign institutional bond issuance, and protect legitimate interests of bond market investors, the PBC and MOF jointly issued the *Interim Rules for the Administration of Bond Issuances by Overseas Institutions on China's Interbank Bond Market* (PBC, MOF Public Announcement [2018] No.16).

On October 13, the PBC and the Bank of England renewed the bilateral local currency swap agreement of RMB 350 billion yuan/GBP 40 billion.

On October 22, the PBC and the Bank of Japan signed the memorandum of understanding on the currency clearing cooperation across Japan. On October 26, the PBC authorized Tokyo Branch of Bank of China to serve as the RMB clearing bank in Japan.

On October 26, the PBC and the Bank of Japan signed a bilateral local currency swap agreement of RMB 200 billion yuan/JPY 3,400 billion.

On November 16, the PBC and Bank Indonesia renewed bilateral local currency swap agreement of RMB 200 billion yuan/IDR 440 trillion.

On November 20, the PBC and the Central Bank of Philippine signed the memorandum of understanding on the currency clearing cooperation across the Philippines.

On November 30, Pure Terephthalic Acid (PTA) futures which denominated in RMB were formally introduced to overseas traders.

On December 10, the PBC and the National Bank of Ukraine renewed the bilateral local currency swap agreement of RMB 15 billion yuan/UAH 62 billion.

2019

On January 31, Bloomberg formally confirmed that Chinese bonds would be added to the Bloomberg Barclays Global Aggregate Index starting April 2019.

On February 11, the PBC and the Centrale Bank van Suriname renewed the bilateral local currency swap agreement of RMB 1 billion yuan/ SRD 1.1 billion.

On February 28, the MSCI announced that it would significantly increase the weight of Chinese A-shares in the MSCI Indexes by raising the inclusion factor from 5% to 20% in three steps.

On May 10, the PBC and the Monetary Authority of Singapore renewed the bilateral local currency swap agreement of RMB 300 billion yuan/ SGD 61 billion.

On May 30, the PBC and the Central Bank of Turkey renewed the bilateral local currency swap agreement of RMB 12 billion yuan/ TRY 10.9 billion.

On May 30, the PBC issued an announcement, designating the MUFG Bank to serve as the RMB clearing bank in Japan. (PBC Public Announcement [2019] No. 11)

On June 5, the pilot area of the RMB Qualified Foreign Institutional Investors (RQFII) expanded to the Netherlands, with a quota of RMB 50 billion yuan.

On August 23, the PBC released the *2019 RMB Internationalization Report*.

On August 27, a symposium on the use of the RMB in neighboring countries and regions in 2019 was held in Harbin to study and deploy tasks related to further deepening and expanding the RMB cross-border use in neighboring countries and regions.

On September 10, the SAFE announced to remove limitations on investment quotas of the QFII and RQFII.

On September 12, the PBC issued an announcement, designating the Manila Branch of Bank of China to serve as the RMB clearing bank in Philippines. (PBC Public Announcement [2019] No. 18)

On October 8, the PBC and the European Central Bank renewed the bilateral local currency swap agreement of RMB 350 billion yuan/ EUR 45 billion.

On October 15, the PBC and SAFE jointly issued the *Notice on the Issues Regarding Further Facilitating Investment in the Interbank Bond Market by Foreign Institutional Investors* (PBC Document [2019] No. 240).

On December 5, the PBC and the Monetary Authority of Macao SAR of China signed a bilateral local currency swap agreement of RMB 30 billion yuan/ MOP 35 billion.

On December 10, the PBC and the Central Bank of Hungary renewed the bilateral local currency swap agreement of RMB 20 billion yuan/ HUF 864 billion.

On December 18, the PBC issued an announcement to further facilitate individual RMB cross-border remittances in Macao SAR of China (PBC Public Announcement [2019] No. 29).

On December 20, the PBC held a symposium on the RMB internationalization.

On December 21, the professional committee on the cross-border RMB business of China Society for Finance and Banking was established.

2020

On January 6, the PBC and the Central Bank of Laos signed a bilateral local currency cooperation agreement, allowing directly using local currency for settlement under all the opened current and capital accounts in both countries.

Afterword

To better study the RMB internationalization, starting from 2015 the Macroprudential Policy Bureau (formerly the Monetary Policy Department II) of PBC has organized to write and publish annual reports on the RMB internationalization in both Chinese and English for the reference of market participants and researchers at home and abroad. The report covers a wide range involved in the performance of the international use of RMB from all aspects, the relevant policies and reform progress, the status of global major economies, the trend outlook and some other main ideas, containing detailed data and elaborated columns on key issues.

The Macroprudential Policy Bureau wrote and translated the 2020 RMB Internationalization Report together with Monetary Policy Department, Payment and Settlement Department, Currency Gold and Silver Bureau, China Foreign Exchange Trade System, as well as the Cross-Border RMB Offices from Tianjin Branch, Wuhan Branch, Chengdu Branch, Chongqing Operations Office, Nanning Central Sub-Branch, and Haikou Central Sub-Branch within PBC. During this period, we have received great support from the Bank of China, the Agricultural Bank of China, the Industrial and Commercial Bank of China, China Construction Bank, Bank of Communications and China Financial Publishing House. Hereby, we sincerely appreciated for all that have supported for the report.

Due to our limited knowledge, there might inevitably be some inappropriateness in the report. We earnestly invite any readers to comment and correct.

The Editor

August 2020